Max von der Grün

Vorstadtkrokodile

Max von der Grün

Vorstadtkrokodile

Eine Geschichte vom Aufpassen

Bearbeitet von:
Iris Felter

Didaktisiert von:
Nora Oeser

Ernst Klett Sprachen
Stuttgart

Wie ist dieses Buch aufgebaut?

Jeweils am Seitenende werden mit Zahlen markierte Wörter erklärt. Zusätzlich gibt es zu jedem Kapitel Übungen zum Leseverstehen ab Seite 66 und dazu Lösungen auf Seite 79 und 80. Die Übungen sind mit diesem Symbol gekennzeichnet: ⟋⟋   Übungen

Originalausgabe: © 1976 C. Bertelsmann Jugendbuch Verlag, München
in der Verlagsgruppe Random House GmbH, München
Erstmals als cbt Taschenbuchausgabe erschienen 2002

1. Auflage   5 | 2025

Textbearbeitung: Iris Felter
Didaktisierung: Nora Oeser
Reihenkonzept: Sebastian Weber
Layoutkonzeption: Sabine Kaufmann
Satz: Satzkasten, Stuttgart
Umschlaggestaltung: Sabine Kaufmann
Titelbild: Rotraud Susanne Berner, München
Druck und Bindung: Plump Druck & Medien GmbH, Rheinbreitbach

Printed in Germany
ISBN 978-3-12-674107-1

PEFC
Förderung nachhaltiger Waldbewirtschaftung
PEFC/04-31-3752   www.pefc.de

Inhalt

Kapitel 1: Die Mutprobe[1]

Hannes hat Angst. Er klettert[2] die Leiter[3] zum Dach hoch und traut sich[4] nicht nach unten zu sehen. Aber er will es den großen Jungen zeigen, dass er so mutig[5] ist wie sie.

Olaf und die anderen Jungen, die „Krokodiler", haben schon alle diese Mutprobe gemacht.

„Du Angsthase!", ruft Olaf.

Und die anderen rufen mit: „Du Angsthase! Du traust dich ja nicht!"

Nur Maria, Olafs Schwester, ruft nicht. Sie hat so viel Angst um Hannes, dass sie wegsieht.

„Komm runter, Kleiner!", ruft Olaf wieder und die Krokodiler lachen.

Hannes klettert langsam und vorsichtig höher. Endlich ist er ganz am Dach angekommen. Er sieht zum ersten Mal nach unten und ihm wird schwarz vor Augen.

Das ist nur der erste Teil der Mutprobe. Er muss noch von der Leiter aufs Dach klettern und dann von oben beide Arme heben[6] und „Krokodil" rufen.

„Los! Weiter!", ruft Olaf.

„Nur keine Angst!", ruft Frank.

Maria sagt zu ihrem Bruder: „Lass ihn runterkommen."

Aber Hannes klettert schon über die Dachrinne[7]. Er legt sich auf den Bauch und zieht sich mit den Händen weiter hoch. Es geht langsam. Zentimeter für Zentimeter kommt er weiter. Er muss vorsichtig sein. Manchmal fällt ein Dachziegel[8] runter. Dann bleibt

---

1 **die Mutprobe:** man muss etwas machen, auch wenn man es nicht will und Angst davor hat. Danach gehört man zur Gruppe
2 **klettern:** sich mit Händen, Beinen und Füßen nach oben ziehen, z. B. an einem Berg oder an einer Wand
3 **die Leiter:** Gerät, um hoch und runter zu kommen
4 **sich trauen:** keine Angst haben, etwas zu tun
5 **mutig:** keine Angst haben
6 **heben:** hier: die Hände und Arme über den Kopf in die Luft halten
7 **die Dachrinne:** Teil vom Dach für Regenwasser
8 **der Dachziegel:** flacher Stein, der auf dem Dach liegt

Hannes erschrocken[1] liegen, ohne sich zu bewegen. Aber er muss es tun!

Seine Hose ist kaputt, sein Pulli auch, seine Hände sind blutig. Aber er will zeigen, dass er als Zehnjähriger nicht zu jung oder zu schwach ist. Keiner soll mehr sagen: „Hau bloß ab[2], du halbe Portion!"

Endlich ist er ganz oben angekommen. Er setzt sich auf, hebt beide Arme und ruft: „Krokodil! Krokodil! Ich hab es getan!"

Die Krokodiler rufen zurück: „Du bist jetzt ein Krokodiler! Hurra! Komm runter!"

Und Olaf ruft noch: „Das hast du gut gemacht. Prima!"

Aber seine Schwester, die neben ihm steht, sagt wieder: „Er wird bestimmt abstürzen[3]."

„Du bist so dumm!", sagt Olaf. „Was verstehst du denn davon."

Und Frank sagt: „Du darfst doch nur bei uns sein, weil Olaf dein Bruder ist."

Es kann gefährlich[4] sein, in der alten Ziegelei[5] zu spielen. Schon viele Jahre steht die Halle mit dem Bürogebäude[6] leer[7].

Trotzdem spielen die Krokodiler dort, weil sie keinen anderen Spielplatz finden. In den Gärten ihrer Siedlung[8] ist Spielen verboten. Und auf der Straße ist es noch gefährlicher. Sie gehen auch immer dann dorthin, wenn ein Junge die Mutprobe machen muss. Ohne Mutprobe wird man kein Krokodiler.

Aufs Dach zu klettern war für Hannes leichter, als wieder runter zu klettern. Er kann nicht sehen, wohin er seine Füße setzt. Und nach unten zu sehen traut er sich immer noch nicht. Jedes Mal, wenn er sich mit den Händen festhalten kann, muss er mit den Füßen etwas suchen, worauf er stehen kann. Das ist anstrengend.

---

1 **sich erschrecken:** Angst bekommen
2 **Hau bloß ab!:** umgangssprachlich und nicht nett für: Geh weg!
3 **abstürzen:** plötzlich fallen
4 **gefährlich:** nicht sicher sein
5 **die Ziegelei:** Fabrik, die Dachziegel und Steine zum Bauen produziert
6 **das Bürogebäude:** Haus mit Büros
7 **leer stehen:** dort arbeiten keine Menschen mehr
8 **die Siedlung:** Gruppe von Häusern vor der Stadt

Es geht langsam nach unten, immer wieder Zentimeter um Zentimeter. Da plötzlich löst[1] sich ein Dachziegel. Hannes merkt, dass er sich nirgendwo mehr festhalten kann. Er rutscht[2] nach unten und schreit so laut er kann: „Hilfe! Hilfe! Ich stürze ab!" Noch ein paar Dachziegel fallen runter.
Die Krokodiler sehen erschrocken hinauf auf das Dach. Olaf sieht mit offenem Mund nach oben. Er kann nicht sprechen. Erst in der Dachrinne findet Hannes mit seinen Füßen wieder einen Halt. Erst da schreit Olaf: „Hannes! Halt dich fest, wir holen Hilfe! Halt dich fest!"
Aber als Hannes in seiner Angst zu weinen und zu schreien anfängt, laufen die Krokodiler weg: Olaf, Frank, Theo, Peter, Willi, Otto und Rudolf. Alle rennen zu ihren Fahrrädern und fahren schnell weg. Sie haben plötzlich mehr Angst als Hannes auf dem Dach.
Hannes, der sie nicht sehen kann, drückt sein Gesicht gegen das Dach. Er schreit weiter um Hilfe.
Maria ist so durcheinander, dass sie zuerst hinter den Jungs herfahren will. Aber die Krokodiler sind schon weit weg. Sie denkt einen Augenblick nach. Dann fährt sie zur Hauptstraße. Dort ist eine Telefonzelle[3]. Sie wählt die Nummer der Feuerwehr[4] und ruft laut: „Sofort kommen … mit Leiter … zur alten Ziegelei … da hängt einer an der Dachrinne … der stürzt ab … sofort kommen!"
Sie wartet vor der Telefonzelle. Sie weiß nicht mehr, was sie machen soll. Da hört sie das Martinshorn[5] der Feuerwehr.
Maria fährt den Weg zurück, den sie gekommen ist. Als sie bei der alten Ziegelei ankommt, hat die Feuerwehr schon die lange Leiter ausgefahren. Und es sind auch schon einige neugierige Leute da.
Maria versteckt sich hinter den Bäumen und sieht, wie ein Feuer-

---

1 **sich lösen:** hier: nicht mehr fest, fällt runter
2 **rutschen:** kein Halt mehr haben und gleiten
3 **die Telefonzelle:** kleines Haus mit einem Telefon
4 **die Feuerwehr:** Institution, die bei Feuer und Unfällen mit einem großen, roten Auto (= Feuerwehrauto) kommt und hilft. Menschen die dort arbeiten sind Feuerwehrmänner und Feuerwehrfrauen
5 **das Martinshorn:** Signal

8

wehrmann die Leiter hochsteigt[1]. Auch ein weiterer Feuerwehrmann steigt hoch.

Dann hort sie, wie Hannes schreit, auch als er längst wieder auf seinen Beinen steht. Einer der Feuerwehrmänner versucht, ihn zu beruhigen.

Ein zweiter sagt: „Verhauen[2] sollte man dich! Du kannst froh sein, dass du noch lebst!"

Ein dritter fragt: „Was wolltest du denn auf dem Dach?"

Da bricht die Dachrinne ab, auf der Hannes die ganze Zeit einen Halt gefunden hat. Sie fällt auf den Boden.

„Hast du gesehen …. Tot könntest du jetzt sein. Sei froh, dass du noch lebst! Wenn ich dein Vater wäre …", sagt der Feuerwehrmann, der Hannes vom Dach getragen hat.

„Wie bist du überhaupt hier hingekommen?", fragt ein anderer. „Warst du denn allein?"

Hannes gibt keine Antwort.

Die Feuerwehr bringt Hannes nach Hause in die Siedlung. Seine Mutter, die gerade aus dem Fenster sieht, öffnet erschrocken die Haustür.

„Sie müssen ihm mal sagen, dass man nicht dort rumklettert, wo *Betreten verboten*[3] steht. Er kann doch lesen. Oder?"

Die Mutter nickt[4] nur. Sie stellt keine Fragen und drückt nur Hannes an sich.

„Na dann", sagt der Feuerwehrmann, „ist ja noch mal alles gut gegangen … Glück gehabt!"

In der Küche setzt die Mutter sich auf einen Stuhl und sagt kein Wort. Sie sieht nur Hannes an. Als er wieder zu weinen anfängt, nimmt sie ihn in die Arme und sagt: „Wie konntest du nur …? Tot könntest du sein. Aber nun lass gut sein …! Was ist denn eigentlich passiert?"

---

1 **hochsteigen:** nach oben gehen
2 **jmd. verhauen:** jmd. mehrmals schlagen
3 **Betreten verboten:** man darf dort nicht sein, es ist nicht erlaubt
4 **nicken:** ja sagen, indem man den Kopf kurz nach vorne bewegt

Da erzählt Hannes die Geschichte von der Krokodilbande und der Mutprobe.

Seine Mutter schüttelt den Kopf[1]: „Da hast du dir ja schöne Freunde ausgesucht … laufen einfach weg!"

5 Als Hannes Vater nach Hause kommt, hat er schon gehört, was passiert ist. Erst will er seinen Sohn ohrfeigen[2], aber die Mutter geht dazwischen und ruft: „Was soll das! Sei froh, dass er noch lebt!" Hannes traut sich nicht, seinen Vater anzusehen.

„Damit wir klar sehen, mein Sohn, als Strafe[3] vierzehn Tage kein

10 Fernsehen", sagt sein Vater, „und Ausgang ist verboten, Taschengeld …"

„Jetzt ist aber genug!", ruft die Mutter.

„Das ist noch lange nicht genug!", ruft der Vater.

„Ich bin jetzt bei den Krokodilern …", sagt Hannes.

15 „Eine schöne Bande, diese Krokodiler!" Der Vater ist immer noch aufgeregt[4].

„Wer ist denn alles bei diesen Krokodilern?", fragt die Mutter.

„Na, der Olaf ist der Chef und dann die Maria, das ist seine Schwester. Der Peter, der Willi, der Otto, der Theo, der Frank und

20 der Rudolf sind auch dabei. Die haben alle ein Fahrrad. Und der Förster[5] hat nichts dagegen, dass sie im Wald eine Hütte[6] gebaut haben."

„Sieh du lieber zu, dass du deine Schularbeiten machst, da hast du genug zu tun", sagt der Vater.

25 Er holt sich aus dem Kühlschrank eine Flasche Bier, nimmt die Zeitung und setzt sich in das Wohnzimmer.

 **Übungen**

---

1 **den Kopf schütteln:** schnell den Kopf von links nach rechts bewegen
2 **jmd. ohrfeigen:** mit der Hand ins Gesicht schlagen
3 **die Strafe:** Sanktion
4 **aufgeregt:** nicht ruhig sein
5 **der Förster:** Person, die sich um den Wald kümmert
6 **die Hütte:** kleines Haus, oft aus Holz

Kapitel 2: Der Junge im Rollstuhl[1]

In den folgenden Tagen sieht Hannes viel aus dem Fenster. Am dritten Tag bemerkt er draußen auf der Straße eine Frau, die einen Jungen im Rollstuhl schiebt. Der Junge ist etwas älter als Hannes, vielleicht zwölf. Über seinen Beinen liegt eine Decke. Hannes fragt seine Mutter, was mit dem Jungen ist.

„Der wohnt nicht weit weg von uns, in der Silberstraße. Er kann nicht laufen, muss immer getragen oder gefahren werden."

„Warum?", fragt Hannes.

„Als er drei Jahre alt war, ist er die Treppe runtergefallen[2]. Die Operation hat nicht geholfen. Der Junge muss sein Leben lang im Rollstuhl sitzen."

„Das ist ja schrecklich", sagt Hannes.

„Das hätte auch dir passieren können, wenn du vom Dach gefallen wärst."

Am nächsten Morgen läuft Hannes noch vor der Schule in die Silberstraße. Ein kleiner Bus fährt vor. Der Fahrer öffnet hinten die beiden Türen und zieht eine Rampe[3] auf die Straße. Dann öffnet sich eine Haustür und Hannes sieht die Frau mit dem Jungen im Rollstuhl.

Als der Fahrer den Jungen in den Bus geschoben hat, rennt Hannes über die Straße. Im Bus sitzen schon einige andere Kinder.

„Wie heißt du?", fragt Hannes den Jungen im Rollstuhl.

„Kurt. Und du bist Hannes. Und dich hat die Feuerwehr vom Dach geholt."

„Das weißt du?"

„Ich weiß alles, was in der Siedlung passiert", antwortet Kurt.

Dann macht der Fahrer die Türen zu und fährt los.

Als Hannes zu Hause ankommt, sagt er zu seiner Mutter: „Das ist aber schlimm, wenn man nicht laufen kann."

---

1 **der Rollstuhl:** Stuhl mit Rädern für Menschen, die nicht gehen können
2 **runterfallen:** jmd. fällt von etwas
3 **die Rampe:** schiefe Fläche

„Natürlich ist das schlimm."

„Ob ich ihn mal besuchen kann?", fragt Hannes.

„Bestimmt!"

Am nächsten Nachmittag muss Hannes für seine Mutter einkaufen.

Unterwegs trifft er Olaf, Peter, Frank und Rudolf. Sie wollen mit
dem Fahrrad zum Schwimmen.

„Kommst du mit?", fragt Olaf.

„Geht nicht, muss einkaufen!"

„Na, dann eben nicht", sagt Olaf und die Jungen fahren weiter.

Vor dem Laden wartet Kurt im Rollstuhl auf seine Mutter.

„Warum hast du immer eine Decke um deine Beine?", fragt Hannes.

„Weil ich die Beine nicht bewegen kann. Sie werden kalt. Deshalb
die Decke."

„Und kalt dürfen sie nicht werden?", fragt Hannes.

„Weißt du, wenn sie kalt werden, dann zirkuliert das Blut nicht, sagt
der Arzt, und das kann gefährlich werden."

„Ach so", sagt Hannes, der kein Wort versteht.

„Aber stehen kann ich, wenn mich einer festhält."

„Stehen kannst du? Wie lange denn?", fragt Hannes.

„Nicht lange, ein paar Minuten."

Hannes weiß nicht, was er mit Kurt reden soll. Was kann er ihm
erzählen? Kurt, ein Junge, der nicht laufen kann. Der in eine
Sonderschule[1] muss, der nicht Fahrrad fahren und nicht auf der
Straße spielen kann. Interessieren ihn die Krokodiler?

„Kannst du mal zu mir kommen?", fragt Hannes dann doch. „Ich
meine zum Spielen?"

„Das geht nicht", antwortet Kurt, „dann müssen mich zwei Männer
in eure Wohnung tragen. Aber du kannst ja zu mir kommen."

„Sicher komme ich, wenn ich darf."

Da kommt Kurts Mutter mit vollen Taschen aus dem Laden.

„Darf ich Kurt schieben?", fragt Hannes.

„Das ist bestimmt zu schwer, aber du kannst mitkommen. Dann
siehst du, wie das mit dem Rollstuhl gemacht wird."

---

1 **die Sonderschule:** spezielle Schule

Fast vergisst Hannes, dass er einkaufen soll. Er läuft schnell in den Laden. Kurt und seine Mutter warten auf ihn. Dann läuft Hannes neben dem Rollstuhl bis zur Silberstraße. Vor dem Haus hilft er, den Rollstuhl in den Hausflur[1] zu schieben. Er hat sich gemerkt, wie man das macht.

„Du machst das schon ganz gut", sagt Kurts Mutter. „In ein paar Tagen kannst du das allein."

Hannes ist überrascht[2], dass Kurt sich in der Wohnung ohne Hilfe bewegen kann: Er legt sich auf den Boden, zieht sich mit beiden Armen vor und zieht seine Beine hinter sich her. Er kann auch allein zur Toilette.

So viel Spielzeug wie in Kurts Zimmer hat Hannes noch nie gesehen. Er und Kurt spielen bis Kurts Mutter ins Zimmer kommt.

„Hannes, es ist Zeit. Du musst nach Hause. Sonst sucht dich deine Mutter."

„Kommst du wieder?", fragt Kurt. „Ich bin jeden Tag nach der Schule zu Hause."

„Natürlich komme ich wieder. Wenn ich darf?"

„Du kannst jeden Tag kommen", antwortet Kurts Mutter.

Zu Hause ist Hannes Mutter böse, weil er so lange weg war. Er erzählt ihr, dass er Kurt besucht hat. Da sagt sie nichts mehr. Sie meint nur: „Das ist besser als mit den Krokodilern zu spielen."

Am nächsten Nachmittag treffen sich alle Krokodiler in ihrer Hütte im Wald. Sie sind überrascht, als Hannes fragt: „Kann Kurt nicht ein Krokodiler werden? Natürlich ohne Mutprobe."

Olaf lacht: „Was sollen wir mit dem, einem Krüppel[3]? Wir können nur welche gebrauchen, die auf Bäume und Dächer klettern."

Die anderen sagen nichts oder sie grinsen[4].

---

1 **der Hausflur:** Korridor
2 **überrascht sein:** etwas passiert plötzlich
3 **der Krüppel:** böses, schlechtes Wort für einen Menschen mit körperlicher Behinderung, z.B. einen Menschen, der nicht laufen kann
4 **grinsen:** frech lächeln

„Kurt ist kein Krüppel", ruft Hannes. „Er kann nur nicht laufen. Im Kopf hat er genauso viel wie wir alle zusammen."

„Komm, Hannes", sagt Peter. „Olaf hat schon Recht. Der Kurt muss doch immer geschoben werden."

Frank meint: „Wenn wir den bei uns haben, dann können wir nicht mehr Fahrrad fahren."

Peter fragt wieder: „Wer soll ihn denn schieben? Wir vielleicht? Mensch, Hannes, wenn da mal was passiert, dann sind wir schuld."

Maria sagt: „Wir kennen uns mit so was nicht aus. Stellt euch mal vor, wir sind unterwegs und er muss aufs Klo[1], na, da denk mal dran."

Hannes denkt nach und sagt: „Dann müssen wir das eben lernen. Das kann doch nicht so schwer sein. Kurt wird uns schon sagen, wie alles gemacht werden muss."

„Blöde[2] Idee vom Hannes", sagt Olaf.

„Stimmen wir doch ab[3]", antwortet Maria.

Alle sind dagegen, dass Kurt ein Krokodiler wird. Nur Hannes ist dafür und Maria stimmt nicht. Die Krokodiler sprechen nicht weiter darüber. Sie fahren zum Schwimmen.

 **Übungen**

---

1 **das Klo:** Toilette
2 **blöd:** dumm
3 **abstimmen:** wählen zwischen ja oder nein

Kapitel 3: Wer sind die Einbrecher[1]?

Als sich die Krokodiler das nächste Mal wieder vor der Hütte treffen, reden sie über die Einbrüche[2]. Fast täglich wird nachts in Läden eingebrochen[3]. Immer wieder steht in der Zeitung, dass wieder irgendwo eingebrochen wurde.

Gestohlen wird meist Wein, Schnaps und Zigaretten, aber auch Bier, Konserven, Radios und Geld. Und immer sind die Einbrecher verschwunden. Niemand hat sie gesehen, niemand kann etwas erzählen. Es hilft auch nicht, dass es eine große Belohnung[4] gibt.

Die Leute in der Siedlung haben die Gastarbeiter in Verdacht[5]. Gastarbeiter sind die Ausländer: Türken und Italiener. Sie wohnen in alten Häusern, die bald weggemacht werden sollen.

„Dieses Pack[6]", sagt Olafs Vater immer. „Sie sollen doch hingehen, wo sie hergekommen sind. Sie nehmen uns nur die Arbeit weg."

Als Olaf einmal sagt, dass es auch Deutsche sein können, ohrfeigt ihn sein Vater.

„Wenn ich sage, dass es Ausländer sind, dann sind es Ausländer. Basta!"

Hannes hat seinen Vater gefragt: „Was meinst du, Vater, wer die Einbrecher sind?"

Der hat nur geantwortet: „Jeder kann es sein."

Die Krokodiler stehen noch vor ihrer Hütte, als Kinder den Weg entlang kommen. Sie wissen sofort, dass es Ausländer sind. Denn sie hören kein deutsches Wort. Frank rennt auf sie zu, wirft mit kleinen Steinen nach ihnen und ruft: „Weg mit euch, ihr Spaghettifresser[7]!"

---

1 **der Einbrecher:** Dieb, Räuber
2 **der Einbruch:** jmd. öffnet mit Gewalt ein Haus, eine Wohnung, einen Raum und stiehlt etwas / nimmt etwas mit, das ihm nicht gehört
3 **einbrechen:** einen Einbruch machen
4 **die Belohnung:** Geld oder Geschenk zum Dank
5 **der Verdacht:** Gedanke, dass jmd. etwas gemacht hat oder machen will, das nicht erlaubt ist
6 **das Pack:** böses, schlechtes Wort für Leute, die man nicht mag
7 **die Spaghettifresser:** böses, schlechtes Wort für Italiener

Die Kinder erschrecken so, dass sie weglaufen. Nur ein kleiner Junge geht noch einmal zurück, weil er einen Schuh verloren hat. Frank tritt ihn in den Hintern[1] und der Kleine schreit laut.

Peter sagt: „Der Kleine hat dir doch gar nichts gemacht."

„Ach was", sagt Frank. „Die Kinder von den Ausländern werden alle einmal Verbrecher[2]."

„Das ist doch nicht wahr", meint Peter.

„Kommt, Leute", sagt Maria, „lasst uns nicht streiten!"

In der Bande haben sie eine Regel: Vergreif[3] dich nicht an einem, der schwächer ist. Jetzt können sie Frank ansehen, dass ihm selbst nicht wohl ist. Er sagt wie zur Entschuldigung: „Was wollen die auch hier im Wald?"

„Ist es dein Wald?", fragt Maria.

Am nächsten Nachmittag fährt Hannes in die Silberstraße, um mit Kurt zu spielen. Der sitzt an einem Tisch und malt.

„Spielen wir wieder?", fragt Hannes.

„Willst du nicht auch malen?"

„Kann ich ja doch nicht", meint Hannes.

„Wieso nicht? Setzt dich doch."

Hannes versucht es. Kurt sieht es sich an.

„Das nächste Mal wird es besser."

Als Hannes ein neues Blatt nimmt, sagt Kurt: „Ich weiß, wer die Einbrecher sind."

Fast fällt Hannes das Blatt aus der Hand, so überrascht ist er. „Du weißt, wer die …?"

„Nicht so laut!"

„Du weißt es? Aber, gehst du nicht zur Polizei? Von wem weißt du es? Hat es dir jemand gesagt?"

Hannes ist so aufgeregt, dass er nicht leise sprechen kann.

„Sei doch nicht so laut, meine Eltern können alles hören."

---

1 **der Hintern:** Po
2 **der Verbrecher:** jmd. der böse, schlechte Dinge macht
3 **sich vergreifen an:** jmd. Gewalt antun, z. B. schlagen

„Kurt, Mensch, nicht einmal die Polizei weiß was. Sag schon, wer ist es?"

„Gut, ich sage es dir, wenn ihr mich mitnehmt in eure Hütte. Dann sage ich es dir."

„Natürlich nehmen wir dich mit!", ruft Hannes. „Wir nehmen dich mit, wenn deine Eltern *ja* sagen."

Hannes hat Kurt nicht erzählt, wie die Krokodiler abgestimmt haben. Er schämt[1] sich für die anderen. Und ihm ist auch klar, dass er das nicht allein bestimmen kann. Aber das ist jetzt nicht wichtig.

„Kurt, nun rede schon. Wer sind die Einbrecher? Ausländer? Deutsche?"

„Es sind drei", sagt Kurt. „Alle drei haben ein Moped. Ich habe sie vom Fenster gesehen."

„Du hast sie gesehen? Und du hast nichts gesagt? Aber das ist …"

„Weißt du, ich kann manchmal nachts nicht schlafen. Ich bin nicht so müde … weil ich immer sitzen muss …"

„Jaja", sagt Hannes. „Erzähl schon weiter!"

„Einer hat ein grünes, einer ein rotes Moped, das dritte konnte ich nicht genau sehen."

„Ach", sagt Hannes, „grüne und rote Mopeds, davon gibt es in unserer Stadt doch viele, da kannst du lange suchen."

„Das grüne Moped hat hinter dem Sitz so lange bunte[2] Bänder. Und sie hatten rote Sturzhelme[3] auf mit Streifen und die Mopeds hatten Taschen an den Seiten. Und wenn ich die Männer wieder sehe, glaube ich, dass ich sie erkenne."

Als Hannes später nach Hause geht, will er alles seinen Eltern erzahlen. Aber dann sagt er doch nichts. Sie würden ihn bestimmt nur auslachen und sagen: Du spinnst[4] wohl.

Nach dem Abendessen darf er noch eine Stunde nach draußen. Er nimmt sein Fahrrad und fährt zu Olaf.

---

1 **sich schämen:** sich nicht gut fühlen mit etwas, das man gesagt oder gemacht hat
2 **bunt:** viele verschiedene Farben
3 **der Sturzhelm:** schützt den Kopf beim Fahrrad-, Moped- und Motorradfahren
4 **spinnen:** dumme Sachen sagen

Maria und Olaf stehen beide auf der Straße.

„He, Hannes, was gibt's? Erzähl schon!", sagt Maria.

„Ich weiß, wer die Einbrecher sind!"

Maria und Olaf sehen ihn an und warten darauf, dass er noch mehr erzählt, aber er sagt nicht mehr.

„Rede schon!", ruft Olaf.

Da erzählt Hannes alles, was Kurt ihm gesagt hat, nicht mehr und nicht weniger. Keine Namen oder Adressen. „Warum hat er es dir erzählt?", fragt Olaf.

„Ich musste ihm versprechen, dass er mit zu uns in die Hütte darf."

„Ach so. Das ist der Grund!" Olaf ist böse.

„Es kann doch trotzdem richtig sein", sagt Maria. „Und wenn es stimmt, dann haben wir eine Spur!"

„Spur?", fragt Olaf.

„Natürlich", sagt Maria. „Die Mopeds, die bunten Bänder, die Sturzhelme, die Taschen … das ist doch eine Spur."

„Solche Mopeds gibt es tausende in der Stadt", meint Olaf. „Aber wir werden morgen den anderen alles erzählen und dann sehen wir weiter."

„Und Kurt muss dabei sein, ich habe es ihm versprochen!"

„Du hast es versprochen", sagt Olaf. „Aber nicht die Krokodiler."

Hannes fährt nach Hause. Und wieder erzählt er seinen Eltern nichts. Sein Vater sitzt in der Küche, liest die Zeitung und berichtet von einem neuen Einbruch. Wieder gibt es keine Spuren.

„Du Vater, wer kriegt eigentlich die Belohnung?", fragt Hannes.

„Wer? Na ja, wer einen Hinweis[1] gibt."

„Auch Kinder?"

„Denk ich doch … warum fragst du … ist was?"

„Nein, ich habe nur so gefragt", antwortet Hannes und geht ins Badezimmer.

 **Übungen**

---

1 **der Hinweis:** Tipp

Kapitel 4: Die Hütte ist weg

Als die Krokodiler am nächsten Nachmittag mit ihren Fahrrädern zu ihrer Hütte fahren, gibt es eine böse Überraschung[1]. Maria bremst ganz plötzlich und zeigt mit dem Arm in den Wald. Sie sagt: „Die Hütte?"

Da ist keine Hütte mehr.

Peter flüstert[2]: „Die Hütte ist nicht mehr da."

„Das gibt's doch nicht", ruft Frank. „Die war doch gestern noch da, das gibt's doch nicht!"

Sie gehen langsam und vorsichtig zu der Stelle, an der die Hütte gestern noch gestanden hat.

„Nichts", sagt Olaf. „Nichts, alles weg."

„Das gibt's doch nicht!", kann Peter nur sagen.

„Das müssen mehrere gewesen sein", sagt Maria. „Aber wer?"

Nichts ist mehr da. Alles liegt überall herum. Der Tisch ist kaputt, die Stühle auch, die alte Decke hängt an einem Baum. Die Krokodiler laufen durch den Wald, um herauszufinden, wer es getan hat. Aber sie finden nichts.

Olaf sagt: „Das waren vielleicht die italienischen Kinder, weil wir sie weggejagt[3] haben?"

„Du hast sie weggejagt! Und der Frank!", ruft Maria.

„Wo treffen wir uns jetzt?", fragt Olaf. „Wir müssen doch einen Platz haben!"

Peter sagt plötzlich: „Bauen wir die Hütte wieder auf. Das kann doch nicht so schwer sein! Vielleicht in der alten Ziegelei? Da ist Platz."

„Alte Ziegelei ist verboten", antwortet Maria. „Überall steht: *Betreten verboten*. Ihr habt doch gesehen, was mit Hannes war!"

Die Krokodiler sehen weg. Sie wollen lieber nicht an die Mutprobe denken.

„Das mit Hannes ist ja noch einmal gut gegangen", sagt Olaf.

---

1 **die Überraschung:** etwas, das plötzlich passiert
2 **flüstern:** leise sprechen
3 **jmd. wegjagen:** etwas machen, sodass jmd. gehen muss

„Weggelaufen seid ihr alle!", ruft Hannes. Ihm kommen fast die Tränen.

„Na ja", sagte Theo. „Komm, erzähl lieber mal! Olaf hat gesagt, du willst uns etwas Wichtiges sagen."

Sie setzen sich im Kreis und Hannes berichtet nun alles, was Kurt ihm erzählt hat.

„Tausend Mopeds gibt's in der Stadt … Wie soll man da das richtige finden", ruft Theo.

„Mein großer Bruder hat auch so eins mit bunten Bändern", ruft Frank. „Glaubt ihr vielleicht, dass mein Bruder was damit zu tun hat?"

Alle schütteln den Kopf.

„Lasst uns trotzdem auf der alten Ziegelei eine Hütte bauen. Aus Ziegelsteinen[1]", schlägt Peter wieder vor. „In der Halle ist Platz."

Als sie losfahren wollen, sagt Hannes: „Moment mal, ich habe Kurt versprochen, dass wir ihn mitnehmen."

„Warum hast du es versprochen? Du hättest uns alle erst fragen sollen", antwortet Olaf. „Noch bestimme ich!"

„Olaf, du sagst doch immer, was man versprochen hat, das hat man versprochen. Und jetzt hat Hannes etwas versprochen und das muss er halten!", sagt Theo.

Die anderen nicken.

Sie fahren alle zur alten Ziegelei. In der Halle sind eine Menge Ziegelsteine und überall liegt roter Staub[2]. Olaf und Frank finden einen Platz in einer Ecke, wo sie eine Hütte bauen können.

Sie beginnen, die Ziegelsteine zu einer Wand aufzubauen. Nach einer Stunde ist ihre Mauer schon einen Meter hoch und drei Meter lang. Aber ihre Kleider und ihre Gesichter sind rot vom Staub.

Olaf sagt: „Kommt, hören wir für heute auf. Wenn die Ferien anfangen, haben wir den ganzen Tag Zeit."

„So dreckig[3] kann ich nicht nach Hause kommen", sagt Hannes.

---

1 **der Ziegelstein:** roter Stein, mit dem man Häuser baut
2 **der Staub:** sehr kleine Teile, die in der Luft sind und sich auf etwas legen
3 **dreckig:** schmutzig, nicht sauber

„Dann wasch dich am Bach[1]!", ruft ihm Maria zu.

Sie waschen sich dann alle am Bach.

Bevor sie in die Siedlung einfahren, sagt Olaf zu Hannes: „Du kannst den Kurt morgen mitbringen. Wir werden mit dem Rollstuhl schon irgendwie klarkommen. Versprochen ist versprochen!"

„Und die anderen?", fragt Hannes.

„Nicht fragen. Kurt einfach mitbringen. Kein Krokodiler wird sagen, dass Kurt wieder abhauen soll."

„Fahr doch mit bei Kurt vorbei", bittet Hannes Maria, die zugehört hat.

Kurts Mutter ist nicht begeistert. Ihr Kurt bei den Krokodilern? Aber Kurt kann ja nicht immer nur mit Erwachsenen zusammen sein. Sie beruhigt sich damit, dass Maria und Hannes doch vorsichtige Kinder sind. Kurt sagt kein Wort. Er nickt nur.

Am nächsten Nachmittag sind alle Krokodiler vor Kurts Haus. Olaf hat noch am Abend vorher den anderen gesagt, dass Kurt dabei ist. Sie warten auf den kleinen Bus. Als der vor dem Haus hält, sehen sie alle interessiert zu, wie Kurt mit seinem Rollstuhl aus dem Bus kommt.

Maria und Hannes lassen ihre Fahrräder stehen. Sie wollen Kurt schieben. Der zeigt ihnen immer wieder, wie sie es machen sollen. Kurt bremst selbst seinen Rollstuhl, wenn es nötig ist. Und wenn es schwer geht, hilft er mit, an den Rädern zu schieben.

Im Wald wird es doch so schwer, dass noch zwei Krokodiler mithelfen müssen.

„Da hat unsere Hütte gestanden", sagt Hannes.

„Schade", sagt Kurt.

„Aber wir bauen schon eine neue, in der alten Ziegelei."

„Na, dann fahren wir doch mal zur alten Ziegelei", sagt Kurt.

„Zur alten Ziegelei?", fragt Olaf. „Mit dir? Im Rollstuhl? Nein, das geht nicht."

---

1 **der Bach:** sehr kleiner Fluss

„Wieso geht das nicht?", fragt Kurt. „Ist es euch zu schwer? Ich dachte immer, ihr klettert auf die höchsten Bäume und Dächer."

„Es ist uns nicht zu schwer", sagt Olaf. „Es ist zu weit für dich. Es geht die letzten hundert Meter immer schön den Berg rauf. Und was sagt deine Mutter dazu?"

„Die braucht es doch gar nicht zu wissen", antwortet Kurt.

Maria, Frank und Peter sind dafür, dass sie es einfach versuchen. Olaf gibt nach. Sie ziehen los.

 Übungen

Kapitel 5: Das Lager[1] im Keller

Die Krokodiler müssen über eine Straße, wo viele Autos vorbei-
fahren. Sie stehen an der Straße und sehen die vielen Autos. Sie
trauen sich nicht, Kurt über die Straße zu schieben. Plötzlich läuft
Theo los. Er stellt sich auf die Straße und breitet die Arme aus. Die
Autos halten an, bis die Krokodiler mit Kurt über die Straße sind.
„Na, wie habe ich das gemacht?", ruft Theo.
„Schlecht", antwortet Kurt. „Tot könntest du jetzt sein. Du kennst
doch diese verrückten[2] Autofahrer."
„Ich bin aber nicht tot", antwortet Theo.

Die letzten hundert Meter vor der alten Ziegelei wird es dann
schwierig. Große Steine stoppen immer wieder den Rollstuhl.
Dann stehen sie vor einem zwei Meter hohen Zaun[3] aus Maschendraht[4]. Es gibt genug Löcher im Zaun. Aber sie sind nicht so groß,
dass ein Rollstuhl durchfahren kann.
„Und was jetzt?", fragt Frank. „Wir können Kurt doch nicht allein
hier draußen lassen!"
„Hier, damit könnt ihr den Draht durchschneiden", sagt Kurt.
Er holt eine Zange[5] aus der kleinen Tasche an der Seite seines Rollstuhls. Es dauert nur ein paar Minuten, dann hat Otto den Draht so
weit durchgeschnitten, dass das Loch groß genug ist. Sie schieben
Kurt vorsichtig durch die Öffnung und weiter in die Halle. Sie
arbeiten gleich weiter. Sie wollen noch an diesem Nachmittag die
zweite Mauer bauen. Kurt sitzt in seinem Rollstuhl und sieht nur
zu.
„Ich fahre mal allein auf dem Hof herum."

---

1 **das Lager:** ein Raum oder eine Halle, in dem oder in der man Waren abstellt, die im
Augenblick nicht gebraucht werden
2 **verrückt:** ohne Verstand sein
3 **der Zaun:** Abgrenzung aus Holz oder Metall
4 **der Maschendraht:** Gitter aus Metall
5 **die Zange:** Werkzeug zum Schneiden

Aber er fährt doch nicht weg. Er bleibt und sieht die Krokodiler verlegen[1] an.

„Was ist denn?", fragt Maria.

„Ja, wie soll ich das sagen … Ich muss mal[2] … Tut mir leid."

Jetzt sind die Krokodiler verlegen. Einer sieht den anderen an. Sie wissen nicht, was sie tun sollen.

„Ich habe es doch gewusst!", ruft Olaf. „Das war eine blöde Idee mit Kurt!"

„Es geht schon", sagt Kurt. „Wenn mich jetzt zwei hochheben, dann kann ich allein stehen."

Frank und Olaf heben Kurt aus seinem Rollstuhl. Die Bremsen sind fest. Als Kurt fertig ist, lassen sie Kurt in den Stuhl fallen. Dann arbeiten sie wieder. Kurt rollt langsam aus der Halle. Maria ruft: „Fahr nicht so weit weg! Pass auf, da liegen Steine."

Auf dem Hof sieht Kurt sich um. Er rollt auf das alte Bürogebäude zu. Er ist neugierig und will rein. Es ist keine Tür mehr da und drinnen ist es dunkel.

Endlich schafft er es in den Flur zu kommen. Seine Augen sind noch von der Sonne geblendet[3] und so merkt er nicht, dass es im Flur nach unten geht. Sein Rollstuhl bewegt sich ganz allein. Er erschreckt so sehr, dass er vergisst, zu bremsen. Sein Rollstuhl fährt gegen eine Wand. Er versucht den Rollstuhl zurückzufahren. Das geht aber nicht! Dann schreit er: „Hilfe! Kommt hierher! Ich bin es! Kurt! Hilfe! Hierher!"

Die Krokodiler machen sich um Kurt keine Sorgen. Nur Maria läuft einmal aus der Halle und sieht ihn nicht. Danach ist sie unruhig. Sie geht wieder raus. Irgendwoher kommen Hilfeschreie. Sie legt ihre Hände um die Ohren und nun kann sie hören, woher die Schreie kommen. Sofort ruft sie die Krokodiler. Die lassen ihre Arbeit liegen und rennen zum Bürogebäude.

---

1 **verlegen:** sich schämen
2 **mal müssen:** umgangssprachlich auf Toilette müssen
3 **blenden:** blind machen, nicht sehen können

Auch Olaf ist einen Moment geblendet, als er in den Flur tritt.

Kurt ruft: „Gott sei Dank, dass du da bist. Ich kann nicht allein wegrollen."

Olaf sagt nur: „Was willst du überhaupt hier?"

Auch die anderen kommen und starren[1] in das Dunkel.

„Mensch, Kurt", ruft Peter. „Was machst du denn hier?"

„Sachen machst du", ruft Olaf. „Das fängt ja ganz schön an mit dir. Noch einmal und du bleibst zu Hause."

„Ist ja schon gut", sagt Kurt. „Schaut lieber mal runter in den Keller. Was wohl hinter der Eisentür[2] ist?"

„Tatsächlich", ruft Frank. „Da ist eine Eisentür."

„Kommt mit!", sagt Olaf. „Mal sehen, was da ist."

„Was denn", sagt Maria, „höchstens Mäuse und Ratten."

„Schwesterchen hat Angst", ruft Olaf. „Kannst ja hierbleiben und auf Kurt aufpassen."

„Ich kann euch jetzt schon sagen, was da unten ist", sagt Kurt.

Sie starren ihn an.

„Ja, warst du denn da unten?", fragt Olaf.

„Wie sollte ich … aber ich weiß, was unten ist. Geht mal runter!"

Die Krokodiler gehen langsam die Treppe runter. Erst Olaf, dann Frank, Peter, Theo, Otto, Rudolf und Willi. Hannes bleibt bei Maria und Kurt im Flur.

Die Eisentür lässt sich nicht öffnen. Die Jungen stemmten[3] sich mit den Beinen an die Mauer. Nach und nach wird die Öffnung breiter. Voller Überraschung bleiben sie an der Tür stehen.

„Das ist ja wohl ein Ding …", sagt Olaf. „Ein Ding ist das!"

„Das ist kein Ding", flüstert Frank. „Das ist ein Lager."

Durch ein Kellerfenster kommt genug Licht in den Raum. So können sie alles genau sehen: Hunderte Flaschen Wein, Kartons mit Bier, Schnaps, Zigaretten, Konserven, Radios, Fernseher und auch zwei neue Fahrräder.

---

1 **starren:** lange auf etwas sehen ohne die Augen zu bewegen und zu schließen
2 **die Eisentür:** schwere Tür aus Metall
3 **stemmen:** mit Kraft gegen etwas drücken

„Menschenskinder[1]!", sagt Olaf.

„Na, hab ich Recht gehabt?", ruft Kurt von oben.

„Kommt, lasst uns abhauen", flüstert Olaf. „Wenn jetzt jemand kommt …"

Sie ziehen die Tür zu und gehen leise die Treppe rauf. Maria und Hannes schieben Kurt ins Freie und erst als sie alle wieder in der Halle sind, fragt Olaf Kurt: „Wusstest du von dem Lager?"

„Ich hatte einen Verdacht. Ich sage euch auch, was ihr gefunden habt, nämlich Radios, Fernseher, Zigaretten …"

„Hör auf!", ruft Maria. „Bist du vielleicht ein Hellseher[2]?"

Frank ruft: „Natürlich! Wer denn sonst. Die Einbrecher. Die Mopedfahrer. Die haben das Lager eingerichtet."

„Natürlich!", ruft auch Kurt. „Es sind die Mopedfahrer! Und im Keller verstecken sie alles. Da ist es sicher, da kommt doch keiner hin."

„Ich glaube, der Kurt hat Recht", sagt Olaf.

„Aber was jetzt?", fragt Theo. „Was sollen wir jetzt machen?"

Alle sehen Kurt an. Aber auch Kurt weiß nicht weiter.

Auf dem Weg zurück in die Siedlung ruft er dann plötzlich: „Ich habe eine Idee."

Sie halten an.

„Was denn für eine Idee?", fragt Olaf.

„Eigentlich brauchen wir nicht mehr nach den Mopeds zu suchen", sagt Kurt. „Jetzt müssen wir nur noch warten. Sie werden kommen, um etwas abzuholen."

„So leicht ist das aber nicht", sagt Olaf. „Die kommen nur nachts, ganz klar. Tagsüber ist das zu gefährlich."

„Und nachts darf von uns keiner mehr auf die Straße", sagt Kurt. Jetzt haben wir etwas entdeckt[3] und jetzt können wir nichts damit anfangen."

---

1 **Menschenskinder!:** hier: Ausruf der Überraschung
2 **der Hellseher:** Prophet
3 **entdecken:** finden, sehen

Langsam gehen die Krokodiler weiter. Sie wechseln sich beim Schieben des Rollstuhls ab. Ihre Fahrräder führen sie an der Hand Kurts Mutter kommt aufgeregt. Sie hatte Angst, aber als sie sieht, wie zufrieden Kurt aussieht, sagt sie nichts.

„Wir kommen schon klar mit dem Rollstuhl", sagt Maria zu ihr. „Wenn Sie nichts dagegen haben, dann nehmen wir Kurt jetzt öfter mit."

 Übungen

Kapitel 6: Die Suche nach den Mopedfahrern

Bis zum Beginn der Ferien sind die Krokodiler nur zweimal in der Halle, um die Hütte fertig zu bauen. In den Keller trauen sie sich nicht mehr. Sie können deshalb nicht wissen, ob etwas fehlt. Mehrmals fragen sie Kurt, wie es weitergehen soll. Aber er weiß auf ihre Frage keine Antwort.

Als Hannes wieder einmal bei Kurt ist, sagt er: „Weißt du, Franks Bruder, der ist doch alt genug. Ich glaube, der ist achtzehn. Der könnte doch mit seinen Freunden aufpassen und den Keller überwachen[1]."

„Nein, bloß nicht! Bloß nichts dem Bruder von Frank erzählen", ruft Kurt.

„Warum denn nicht!", fragt Hannes überrascht.

„Weil … ich weiß auch nicht, warum … ich meine, wir sollten den Großen nichts von den Einbrechern erzählen", antwortet Kurt.

„Du bist aber komisch", sagt Hannes.

„Wenn ich laufen könnte", sagt Kurt plötzlich, „dann wüsste ich schon …"

„Was denn? Sag es mir doch", bittet Hannes. „Vielleicht kann ich das für dich machen. Ich kann doch laufen."

„Ach, lass nur, war nur so eine Idee von mir."

Da kommt Frank. Er sagt gleich: „Wisst ihr was? Wir sollten das der Polizei melden."

„Das wollten wir doch erst, wenn wir wissen, wer die Einbrecher sind", antwortet Hannes.

„Da können wir lange warten", ruft Frank. „Mir geht das alles zu langsam!"

Kurt sagt: „Weißt du, Frank. Ihr könnt laufen. Deshalb seid ihr so unruhig. Ich sitze die ganze Zeit in meinem Rollstuhl. Ich muss warten, bis mich einer wohin schiebt. Da lernt man schon das Warten."

---

1 **überwachen:** jmd. oder etwas beobachten, observieren

Wenn Kurt so spricht, kann man vergessen, dass er ein Junge ist wie sie. Frank weiß auch nicht, was er dazu sagen soll. Er mag Kurt. Alle mögen Kurt. Sogar Olaf!

„Na, dann bis morgen", sagt Frank.

Auch Hannes geht wenige Minuten später.

Als die beiden weg sind, nimmt Kurt ein Fernglas[1]. Er kann die alte Ziegelei sehen. Auf dem Gelände[2] geht aber nur ein Mann mit einem Hund.

Plötzlich erkennt er drei Mopedfahrer. Ein grünes Moped mit bunten Bändern ist dabei. Auf diesem Moped sitzt Franks Bruder Egon. Auf dem zweiten Moped sitzt Karli. Sein Vater ist Polizist. Den Dritten kennt Kurt nicht. Blödsinn[3], denkt Kurt. Die fahren nur herum, weil es ihnen Spaß[4] macht.

Nein, Egon hat mit der Sache nichts zu tun. Egon ist ein guter Kerl. Der hat ihm mal den Rollstuhl repariert. Kurts Vater hat nicht gewusst, was er machen soll. Da hat Egon nur gesagt: „Lassen Sie mich mal. Ich bin Mechaniker[5] und kenne mich aus." Nein, Egon hat nichts damit zu tun.

In der zweiten Ferienwoche haben die Krokodiler keine Angst mehr. Sie treffen sich vor Kurts Haus und fahren alle zur alten Ziegelei. Kaum sind sie da, laufen Olaf und Frank zum Bürogebäude und sehen in den Keller. Die Eisentür ist noch genauso wie vor vierzehn Tagen.

„Wir sollten alles herausholen und in unser Haus tragen.", sagt Frank

„Spinnst du?", sagt Olaf.

Zu den anderen sagt er: „Alles ist noch so, wie es war."

Die Krokodiler arbeiten weiter an ihrer Hütte und bleiben bis zum frühen Abend in der Halle.

---

1 **das Fernglas:** Instrument, mit dem man weit sehen kann
2 **das Gelände:** ein Stück Land
3 **der Blödsinn:** dumme Sachen denken, sagen oder machen
4 **der Spaß:** Freude, Vergnügen
5 **der Mechaniker:** Berufsbezeichnung für jmd., der Maschinen baut, prüft und repariert

Hannes und Maria haben Kurt nach Hause geschoben.

„Wo wart ihr denn?", fragt Kurts Vater, als er Kurt in die Wohnung trägt.

„Im Wald", sagt Maria schnell.

Kurt und Hannes nicken. Sie wollen die Wahrheit nicht sagen. Das Betreten der alten Ziegelei ist nun mal verboten.

Als Maria und Hannes gegangen sind, kommt Kurts Mutter. Sie fragt: „Los Kurt, nun erzähl mal. Was macht ihr denn eigentlich?" Dann setzt sie sich auf einen Stuhl und wartet. Nun berichtet Kurt alles. Von Anfang an. Sie hört zu. Erst als er von seinem Verdacht spricht, sagt sie: „Man darf nicht andere beschuldigen[1], wenn man nichts weiß. Aber halte die Augen offen. Ich habe nichts dagegen, dass du bei den Krokodilern mitmachst. Solange die anderen auf dich aufpassen. Und wenn es für dich nicht zu anstrengend wird."

Am nächsten Vormittag wollen die Krokodiler die Kennzeichen[2] der Mopeds aufschreiben. Alle die, die es in ihrer Siedlung gibt. Und besonders die, die bunte Bänder haben. Sie fahren mit ihren Fahrrädern durch die Straßen. Sie schauen auch in Hinterhöfe und in die Gärten. Als sie wieder zusammen sind, schreibt Kurt die Kennzeichen in ein Notizbuch. Viele sind es nicht. Zehn rote und dreizehn grüne Mopeds haben sie gefunden. Vier davon haben bunte Bänder.

„Wenn wir das Moped von Franks Bruder nicht mitzählen", sagt Kurt, „dann haben wir drei grüne Mopeds mit bunten Bändern."

„Warum Franks Bruder nicht mitzählen?", ruft Peter.

„Egon hat ein grünes. Grün ist grün. Egal, wem es gehört!"

„Du spinnst wohl!", ruft Frank. „Lasst meinen Bruder aus dem Spiel. Sonst mache ich nicht mehr mit, damit basta!"

Nun wissen sie nicht mehr, was sie machen sollen. Die Nummern helfen ihnen nicht. Die Mopedfahrer kennen sie immer noch nicht.

---

1 **beschuldigen:** jmd. sagen, dass er etwas Falsches, Schlechtes gemacht hat
2 **das Kennzeichen:** Schild aus Metall mit Nummern und Buchstaben an Autos, Bussen, Motorrädern, Mopeds

Hannes und Maria schieben Kurt wieder nach Hause und tragen ihn in sein Zimmer. Als Maria gegangen ist, fragt Hannes: „Sag mal, Kurt, hast du einen Verdacht?"

„Nein", antwortet Kurt vorsichtig. „Ich habe keinen Verdacht."

„Manchmal denke ich, Franks Bruder ist dabei", sagt Hannes langsam.

„Wie kommst du darauf?", fragt Kurt.

„Ich weiß nicht, warum …"

„Jaja", sagt Kurt. „Aber wir haben keine Beweise. Keinen einzigen. Die Mopeds allein sind kein Beweis … Manchmal habe ich auch den Verdacht."

„Du auch?", fragt Hannes überrascht.

„Aber warum soll Egon dabei sein? Egon ist ein guter Kerl."

„Weißt du was", sagt Hannes. „Wir geben die Sache auf. Vielleicht ist alles ganz anders … ganz anders vielleicht."

„Nein, das meine ich nicht, Hannes, ich glaube, wir sind auf der richtigen Spur."

„Also bis morgen", sagt Hannes. „Vielleicht bemerkst du doch etwas. Du hast ja dein Fernglas."

Dann läuft Hannes nach Hause.

Beim Abendessen fragt plötzlich Kurts Vater: „Sag mal, mein Sohn, ist was? Was spielt sich da ab in deinem Zimmer?"

Seine Mutter antwortet schnell: „Was soll denn sein? Kurt hat jetzt Freunde. Hast du was dagegen?"

„Ich? Was sollte ich dagegen haben? Ich bin doch froh darüber", antwortet sein Vater.

„Na, dann ist ja alles gut", sagt seine Frau und nickt Kurt zu.

 Übungen

Kapitel 7: Es gibt Streit

Am folgenden Morgen holen Frank, Hannes und Maria Kurt ab.
Auf dem Gelände der alten Ziegelei treffen sie sich mit den anderen
Krokodilern. Alle haben belegte Brote mitgenommen. Sie wollen
den ganzen Tag bleiben und mittags nicht nach Hause fahren. Sie
spielen Ball und machen Kunststücke mit ihren Fahrrädern. In der
Mittagszeit gehen sie in die Halle zu ihrer Hütte, um die Brote zu
essen.

Kurt hat keinen Hunger. Er fährt in seinem Rollstuhl auf dem Hof
herum. Das Herumfahren ist für ihn leichter, denn Otto, Willi und
Theo haben auf dem Gelände aufgeräumt.

Plötzlich bemerkt er zwei Mopedfahrer. Er erkennt sofort Franks
Bruder. Den anderen hat er auch schon gesehen. Er weiß aber
seinen Namen nicht. Kurt hat keine Zeit sich zu verstecken. Er sitzt
in seinem Rollstuhl mitten auf dem Platz.
Die beiden Mopedfahrer sind überrascht, als sie Kurt sehen. Aber
auch sie können nicht mehr abhauen, denn Kurt hat sie gesehen.
Sie gehen auf Kurt zu und als sie vor ihm stehen, fragt Egon: „Sag
mal, was machst du denn hier? Wie kommst du denn hierher?"
Kurt antwortet nicht. Er will die Krokodiler nicht verraten[1]. Aber
dann sagt er: „Mit den anderen". Er zeigt auf die Halle.
„Mit welchen anderen?", fragt Egon.
Kurt zeigt wieder auf die Halle, aus der Olaf, Frank und Maria
und die anderen Krokodiler gerade kommen. Frank ist überrascht,
seinen Bruder auf dem Hof zu sehen.
„Haut ab!", sagt Egon. „Könnt ihr nicht lesen? Hier steht: *Betreten
verboten.*"
„Für dich ist es nicht verboten?", fragt Frank seinen Bruder.
„Halt bloß den Mund!", ruft Egon. „Sonst erzähle ich alles Vater."

---

1 **verraten:** jmd. etwas sagen, was er nicht wissen soll

„Na und?", sagt Frank. „Wenn ich nicht auf das Gelände darf, dann darfst du das auch nicht. Dann erzähle ich das Vater!"
„Jetzt werde bloß nicht frech", schreit Egon. „Sonst knall ich dir ein paar in die Fresse[1]!"
In dieser Sekunde fährt Kurt mit dem Rollstuhl los. Er fährt über Egons Fuß. Egon fällt auf den Boden. Und die Krokodiler lachen. Als Egon wieder steht, fragt Kurt ganz freundlich: „Bist du hingefallen? Das tut mir aber leid!" Egon ist wütend[2]. Er schreit Kurt an: „Noch einmal und ich schmeiß[3] dich aus deinem Stuhl!"
„Wenn du das tust", ruft Olaf plötzlich, „dann zerstechen[4] wir dir die Reifen! Dann kannst du sehen, wie du weiterfahren kannst … du … du…"
„Lass doch", sagt Kurt. „Der Egon meint das nicht so."
„Halt den Mund!", schreit Egon ihn an. „Natürlich meine ich es so, du Blödmann[5]!"
Dann aber gibt er seinem Freund ein Zeichen. Sie steigen auf ihre Mopeds und fahren weg. Nur ihre Motoren sind noch ein paar Minuten zu hören.

„Mensch, Kurt", ruft Olaf, „das hast du gut gemacht. Wie du dem Egon auf die Füße gefahren bist. Das war prima!"
Theo sagt: „Die beiden haben wohl nichts mit den Einbrüchen zu tun?"
„Wie kannst du so etwas denken!", ruft Frank. „Mein Bruder kann sein, wie er will. Er tut doch nur so. Mein Bruder ist ein guter Kerl."
Nun ist die gute Stimmung weg. Sie sind alle nachdenklich.
„Kannst du verstehen", fragt Maria, als sie Kurt in die Halle schiebt, „warum Egon so unfreundlich zu uns war?"
„Zu Frank war er unfreundlich", antwortet Kurt.
„Zu uns auch. So kenne ich ihn gar nicht", sagt Maria.
„Ach was, das muss doch nichts bedeuten."

---

1 **die Fresse:** böses, schlechtes Wort für Gesicht
2 **wütend:** sehr böse
3 **schmeißen:** werfen
4 **zerstechen:** mit einem Messer Löcher machen
5 **der Blödmann:** böses, schlechtes Wort für: dummer Mann

Kurt will Maria beruhigen, aber er hat gesehen, wie Egon oft zum Bürogebäude geschaut hat. Das will er aber nicht laut sagen. Vielleicht ist es wirklich nur, weil sie auf dem verbotenen Gelände spielen. Wer kann das schon wissen?

Am frühen Abend fahren sie alle nach Hause in die Siedlung. Nach dem Abendessen liest Kurts Vater die Zeitung. Plötzlich sagte er: „Die alte Ziegelei wird nun endlich weggemacht. Wird auch höchste Zeit."

Kurt erschreckt. Er fragt: „Wann? Gleich?"

„Im Herbst, steht hier. Der Kamin[1] in der alten Ziegelei muss aber sofort weg. Der ist zu gefährlich. Alles andere kommt dann später."

„Schöne Bescherung[2]!", sagt Kurt.

„Was ist? Hast du was gesagt?", fragt sein Vater. Aber Kurt gibt keine Antwort. Er rollt sich aus der Küche in sein Zimmer.

„Was hat er denn?", fragt Kurts Vater seine Frau, aber die hebt nur die Schultern.

„Verdammt[3]!", denkt Kurt, als er in seinem Zimmer ist. „Wenn ich jetzt bloß zu den anderen fahren könnte. Die wissen es bestimmt noch nicht. Oder wenn meine Eltern wenigstens Telefon hätten …"

Seine Mutter kommt ins Zimmer und fragt: „Was ist los?"

„Ach, endlich haben wir einen Platz, wo wir sein können. Und jetzt wollen sie alles wegmachen."

Dann erzählt Kurt seiner Mutter von Egon und dem Freund. Und dass die beiden auf Mopeds auf den Hof gekommen sind.

„Na und?", sagt sie. „Das bedeutet doch nicht, dass sie zu den Einbrechern gehören. Sei bloß vorsichtig! Was man nicht beweisen kann, soll man auch nicht laut sagen."

Am nächsten Tag kommen Hannes, Frank und Maria um Kurt abzuholen. Er will ihnen vom Abriss der alten Ziegelei erzählen, aber sie wissen es schon.

---

1 **der Kamin:** hier: Ofen für das Brennen von Ziegeln
2 **Schöne Bescherung!:** Ausruf für eine böse Überraschung
3 **Verdammt!:** Ausruf, wenn man sich ärgert

„Das ist so blöd", sagt Hannes. „Gerade jetzt, wo wir einen Platz haben. Und wovon wir vielleicht die Einbrecher sehen können."

„Das ist es ja", sagt Frank. „Jetzt entdeckt man vielleicht das Lager im Keller."

„Wenn die Einbrecher das auch in der Zeitung gelesen haben … na? Denkt mal nach", sagt Kurt. „Dann müssen die sich doch schnell ein neues Lager suchen."

„Da könntest du Recht haben", sagt Olaf, der mit seinem Fahrrad dazugekommen ist.

„Jetzt sind Ferien", sagt Kurt. „Da haben wir doch den ganzen Tag Zeit. Einer von uns kann doch aufpassen und den Keller überwachen."

„Und wie willst du das in der Nacht machen?", fragt Olaf. „Ich glaube nicht, dass die tagsüber kommen und alle Sachen herausholen."

„Olaf hat schon Recht", sagt Maria.

„Aber es muss doch eine andere Möglichkeit geben", sagt Frank.

„Welche?", fragt Maria.

Niemand weiß eine Antwort.

 Übungen

Kapitel 8: Auf dem Minigolfplatz[1]

Später fahren alle Krokodiler zum neuen Minigolfplatz am Waldrand. Olaf und Peter spielen als Erste. Die anderen sehen erst mal nur zu.

Hannes und Frank schieben Kurt immer ein bisschen weiter. Er will auch mal sehen, ob er vom Rollstuhl aus einen Ball schlagen kann. Das ist schwierig. Er kann nicht dicht genug an die Bahn kommen. Und so fliegen seine Bälle über die Bahn hinaus. Die anderen lassen ihn aber trotzdem mitspielen.

Da kommt auf einmal der Besitzer[2]: „Das geht aber nicht! Nein! Auf dem Minigolfplatz, das geht nicht. Du machst mir ja mit deinem Rollstuhl den neuen Rasen[3] kaputt!"

Kurt starrt den Mann erschrocken an. „Aber ich kann doch nicht laufen", sagt er.

„Das ist mir egal. Mit dem Rollstuhl kannst du hier nicht herumfahren. Sieh mal, wie die Räder sich in den Rasen drücken."

Die Krokodiler versammeln sich um Kurt. Sie grinsen. Bald aber merken sie, dass es dem Mann ernst ist.

Olaf sagt zu dem Mann: „Draußen steht aber nicht, dass nur die spielen dürfen, die laufen können."

Der Mann sagt kurz: „Das versteht sich doch von selbst, oder?"

„Dürfen die rein, die auf Krücken[4] gehen?", fragt Maria.

„Was soll denn das?", fragt der Mann. „Natürlich dürfen die rein."

„Das verstehe ich aber nicht", sagt Olaf. „Die Krücken drücken sich doch viel tiefer in den Rasen als die Räder vom Rollstuhl."

Der Mann antwortet nur: „Das ist mein Platz. Hier bestimme ich!"

„Letztes Wort?", fragt Olaf.

„Letztes Wort", antwortet der Mann.

---

1 **der Minigolfplatz:** Ort, wo man Minigolf spielt, also einen kleinen Ball mit einem Schläger über Bahnen / Strecken schlägt
2 **der Besitzer:** jmd., dem etwas gehört
3 **der Rasen:** Wiese, Gras
4 **die Krücke:** Gehhilfe

Da macht Olaf eine Kopfbewegung und die Krokodiler verstehen ihn sofort. Sie rennen vom Minigolfplatz und lassen Kurt einfach stehen.

Der Mann ruft aufgeregt: „So nehmt ihn doch mit! Verdammt noch mal! Kommt rein, holt ihn!"

„Können wir nicht!", ruft Olaf von draußen. „Die Räder machen doch den Rasen kaputt!"

Der Mann versucht Kurt vom Platz zu schieben. Aber es geht nicht. Kurt grinst vor sich hin. Er hat gerade die Bremsen am Rollstuhl angezogen.

„Verdammt, bist du aber schwer! Hilf doch mal mit!"

Der Mann versucht, den Rollstuhl weg zu schieben. Da lässt Kurt sich ganz schnell auf den Rasen fallen. Er schreit laut und tut als habe er sich verletzt.

Die Krokodiler draußen vor dem Platz schreien nun auch: „Er hat ihn rausgeschmissen! Er vergreift sich an hilflosen Kindern!"

Der Mann steht sprachlos da. Er ist selbst hilflos. Er ist so aufgeregt, dass seine Hände zittern[1]. Nun kommen die Krokodiler. Maria und Olaf helfen Kurt in den Rollstuhl und schieben ihn weg von dem Minigolfplatz. Der Mann läuft hinterher und ruft: „Das wollte ich doch gar nicht! Das wollte ich doch nicht!"

Olaf dreht sich um: „Wir gehen jetzt zum Arzt mit ihm. Vielleicht hat er was gebrochen, dann sind Sie schuld!"

Einige Spaziergänger sind stehen geblieben und schauen zu.

„Das war doch alles nicht so gemeint", ruft der Mann. „Er darf doch auf meinem Minigolfplatz mit dem Rollstuhl, sogar ohne zu bezahlen!"

Die Krokodiler gehen mit Kurt in den Wald. Als sie weit genug weg sind, lachen sie alle.

„Mensch, Kurt", ruft Hannes, „das hast du prima gemacht, wie du rausgefallen bist!"

„Und ich dachte erst, er hätte dich wirklich aus dem Rollstuhl geschmissen", sagt Olaf.

---

1 **zittern:** ohne Kontrolle sehr schnell hin und her bewegen

Und Kurt sagt: „Wisst ihr, was das Schönste war? Er hat gar nicht gemerkt, dass ich die Bremsen angezogen hatte!" Da müssen sie noch mehr lachen.

Endlich sagt Olaf: „Leute, Schluss jetzt. Morgen Vormittag wird der Kamin in der alten Ziegelei gesprengt[1]. Ich glaub, da kommen viele Menschen. Wir müssen auch hin. Und wir holen dich ab, Kurt. Ist doch klar!"

Wie immer bringen Maria und Frank Kurt nach Hause. Als sie wieder gehen wollen, sagt Kurts Mutter: „Wir haben dir was gekauft." Und als sie die neugierigen Gesichter der anderen sieht, meint sie: „Ihr dürft mitkommen."

Sie schiebt Kurt durch das Wohnzimmer auf den Balkon. An der einen Wand hängt eine dicke Scheibe[2] aus Bast. Kurts Mutter gibt ihm Pfeile[3] und Bogen[4].

„Das hast du dir doch schon immer gewünscht, Bogenschießen, nicht wahr?", sagt seine Mutter und sieht ihn fragend an.

Kurt ist so aufgeregt, dass er sich gar nicht bedankt. Er nimmt sofort einen Pfeil, legt ihn ein und schießt. Der Pfeil landet nur wenige Zentimeter neben dem roten Punkt in der Mitte der Scheibe. Frank und Marie dürfen nun auch einmal auf die Scheibe schießen. Sie schießen nicht schlecht. Aber keiner von ihnen trifft den roten Punkt.

„Das ist für Kurt nicht nur ein Spiel", sagt Kurts Mutter. „Der Arzt meint, dass das seine Muskeln stärkt. Er hat ja sonst so wenig Bewegung."

„Schön ist es trotzdem", sagt Frank. „Wir können damit dem Minigolfmann in den Hintern schießen."

„Was redet ihr denn da?", ruft Kurts Mutter.

Maria erzählt ihr, was auf dem Minigolfplatz passiert war.

---

1 **sprengen:** etwas mit einer Bombe wegmachen / explodieren lassen
2 **die Scheibe:** etwas wie ein dünner, großer, flacher Teller
3 **der Pfeil:** langer Stab mit scharfer Spitze
4 **der Bogen:** Gerät, mit dem man Pfeile schießen kann

„Das gibt's doch nicht!", sagt die Mutter. „Mit dem werde ich mal reden … so ein Mensch!"

„Brauchen Sie nicht. Das haben wir schon getan", sagt Frank und grinst.

Auf der Straße meint Maria: „Pfeil und Bogen, damit kann man sich schon verteidigen[1]. Wenn es sein muss."

„Kann man", sagt Frank. „Und gegen wen?"

„Gegen einen von euch, wenn er frech wird", antwortet Maria.

Dann fahren sie nach Hause.

 Übungen

---

1 **sich verteidigen:** sich schützen

Kapitel 9: Der Verdacht

Früh am nächsten Tag holen Hannes und Frank Kurt von seiner Wohnung ab. Die Krokodiler wollen sich vor der Kirche treffen. Dort stellen sie ihre Fahrräder ab. Und als alle da sind, gehen sie durch den Wald zum Gelände der alten Ziegelei. Sie laufen zum Zaun. Dort bemerken sie schnell, dass der Maschendraht repariert ist. Es gibt keine Löcher mehr.

Vor der alten Ziegelei versperren[1] ihnen zwei Polizeiautos den Weg. Niemand von den vielen Menschen, die gekommen sind, darf weitergehen. Die Krokodiler stellen sich so, dass sie trotzdem alles gut sehen.

„Wenn der Kamin in die Luft fliegt, dann ist bestimmt unsere Hütte kaputt", sagt Peter.

„Da fliegen keine Steine in die Luft", meint Olaf. „Mein Vater hat gesagt, der Kamin fällt zusammen wie ein Kartenhaus."

Plötzlich bemerken sie Egon. Er steht mit seinen beiden Freunden hinter ihnen. Kurt stößt Olaf in die Seite. Aber der sagt nur: „Hab sie schon gesehen. Du, der eine ist der Karli. Sein Vater ist bei der Polizei. Die haben bestimmt nichts mit dem Warenlager zu tun."

„Meinst du das wirklich?", fragt Kurt.

„Du spinnst, wenn du das glaubst", antwortet Olaf leise.

Alle starren auf die alte Ziegelei. Zuerst hört man eine Sirene[2]. Niemand sagt etwas. Kurt ist aufgeregt und rutscht in seinem Rollstuhl hin und her. Dann gibt es einen Knall, nicht sehr laut. Gleich darauf fällt der Kamin in sich zusammen. Kein Stein fliegt in die Luft. Es gibt nur Staub. Nach einer neuen Sirene sagt einer der Polizisten: „So, das war's." Und sie geben den Weg wieder frei, steigen in ihre Autos und fahren weg.

---

1 **versperren**: blockieren, jmd. / etwas ist im Weg
2 **die Sirene**: Signal

Auch die Männer von der Sprengkolonne[1] fahren weg, nachdem sie das Tor[2] zum Gelände der alten Ziegelei abgeschlossen haben. Nach und nach gehen alle Menschen.

Kurt hat bei der Sprengung[3] zugesehen. Aber er hat auch immer wieder zu Egon und seinen beiden Freunden geschaut. Er wollte wissen, wie sie reagieren. Er hat gesehen, dass sie unruhig waren. Dass sie manchmal auf das alte Bürogebäude geblickt haben. Als die Sprengung vorbei war, haben sie sich zugenickt. Kurt hat gedacht, es war als ob sie sagen wollen: Noch mal gut gegangen.

Plötzlich stehen Frank und seine beiden Freunde neben den Krokodilern. Egon fragt seinen Bruder: „Sag mal, was machst du denn schon wieder hier?"
„Dumme Frage", antwortet Frank. „Zuschauen, genau wie du."
„Hau lieber ab", sagt Egon.
„Hau du doch ab!"
„Jetzt werd bloß nicht frech, du Blödmann!"
„Jetzt werd du bloß nicht frech!", antwortet Frank.
Egon will noch etwas sagen. Aber seine beiden Freunde gehen zu ihren Mopeds und Egon folgt ihnen.
Olaf sagt leise zu Kurt: „Vielleicht hast du doch Recht."
„Ich habe Recht, aber ich will es immer noch nicht glauben", flüstert Kurt.
„Wir müssen es aber beweisen. Sonst glaubt uns keiner", flüstert Olaf zurück.
Olaf fährt den Rollstuhl allein. Die anderen Krokodiler laufen voraus.
Da fragt Kurt: „Wenn wir Recht haben, was ist dann mit Frank? Er ist doch Egons Bruder."

1 **die Sprengkolonne:** Gruppe von Arbeitern, die etwas mit einer Bombe weg machen / explodieren lassen
2 **das Tor:** große, schwere Tür
3 **die Sprengung:** wenn etwas mit einer Bombe weggemacht wird

„Was hat Frank mit Egon zu tun? Frank ist doch kein Einbrecher. Er hat auch nichts gestohlen", antwortet Olaf.

„Das nicht. Aber er muss doch gegen seinen Bruder aussagen. Also, wenn wir sie anzeigen[1]. Möchtest du das?", fragt Kurt.

„Nein, ich würde auch nicht gegen Maria aussagen. Verdammt!"

„Frank tut mir leid", sagt Kurt, „der kann ja nichts dafür."

Als die Krokodiler wieder vor der Kirche stehen, fragt Peter: „Wieso konnte dein Bruder da sein? Muss er nicht arbeiten?"

„Weiß ich doch nicht", antwortet Frank wütend. „Frag ihn doch selbst!"

„Lass doch Frank in Ruhe", sagt Kurt.

„Achtung! Es geht los!", ruft Otto und steigt auf sein Fahrrad. Die anderen fahren ihm hinterher.

Maria bleibt bei Kurt.

„Ich könnte auch Fahrrad fahren, wenn ich eins hätte", sagt Kurt.

„Was? Du? Fahrrad fahren?", fragt Maria.

„Sicher. Ein Spezialfahrrad. Aber so ein Fahrrad ist zu teuer, viel zu teuer für meine Eltern."

Die anderen Krokodiler stehen am Waldrand. Sie warten auf Maria und Kurt.

Plötzlich fragt Kurt Frank: „Sag mal, Frank, verdient dein Bruder eigentlich viel in der Werkstatt, wo er arbeitet?"

„Weiß ich nicht. Er hat immer Geld. Warum fragst du?"

„Ach, nur so", antwortet Kurt.

„Komische Fragen hast du manchmal", sagt Frank.

Dann fahren sie nach Hause.

 Übungen

---

1 **jmd. anzeigen:** jmd. bei der Polizei melden

Kapitel 10: Das Waldfest

Am Sonntag ist das große Waldfest. Alle Vereine in der Siedlung sind dabei. Im Wald stehen Tische und Bänke. Auch Buden[1], die Bratwürste, Bier, Süßigkeiten und vieles mehr verkaufen. Für die Kinder gibt es verschiedene Spiele.

Wie immer holen Maria und Hannes Kurt ab. Aber seine Eltern wollen auch zum Fest, nur später. Deshalb muss Kurt zu Hause warten. Er ist unruhig. Er hat nämlich einen Plan.

Als er mit den Eltern endlich zum Fest in den Wald kommt, sieht er sofort Maria und Olaf. Er gibt Olaf ein Zeichen. Der kommt und setzt sich auf eine Bank neben dem Rollstuhl.

Kurt wartet, bis seine Eltern mit den Nachbarn reden. Dann flüstert er: „Ihr müsst mich hier wegholen".

„Wie sollen wir das machen?", fragt Olaf.

„Weiß ich auch nicht. Also, ich glaube, dass wir heute die Mopedfahrer erwischen[2]. Heute, wo alle auf dem Fest sind, das ist doch klar. Denk doch mal nach!"

„Du spinnst", sagt Maria, die sich zu ihnen gesetzt hat.

„Am Tag ist es sicherer für die, als in der Nacht. Die haben nicht mehr viel Zeit. Bald kommen die Bulldozer[3]. Dann ist es aus für die drei."

„Gut", sagt Maria. „Ich hole Frank. Der kann dann …"

„Nein, nicht Frank", antwortet Kurt schnell. „Alle kannst du holen, bloß nicht Frank. Besser, wenn der gar nicht dabei ist."

„Du bist aber komisch … Frank kann das doch am besten mit dem Rollstuhl."

„Dann sag es Hannes, der kann es ebenso gut. Oder Rudolf. Peter hat mich auch schon geschoben. Bloß Frank nichts sagen."

„Also, du bist wirklich komisch", sagt Maria und schüttelt den Kopf.

---

1 **die Bude:** wie ein Kiosk
2 **erwischen:** fangen
3 **der Bulldozer:** Baumaschine

Aber ihr Bruder sagt: „Tu, was er dir gesagt hat. Wenn es stimmt, was Kurt glaubt, dann gibt es heute eine große Überraschung. Los jetzt!"

Kurt muss dann doch noch eine Stunde bei seinen Eltern bleiben. Er muss auch eine Bratwurst essen und eine Cola trinken.
Maria kommt zurück. Sie fragt Kurts Eltern, ob Kurt mitkommen darf. Seine Mutter antwortet nicht gleich, aber sein Vater sagt: „Lass ihn doch mit. Warum soll er den ganzen Tag bei uns sitzen?"

Maria und Hannes schieben Kurt in den Wald. Die meisten Krokodiler warten schon.
Olaf fragt: „Sag mal, Kurt, können wir nicht deinen Bogen und deine Pfeile mitnehmen?"
„Ich kann doch jetzt nicht in die Wohnung hinein."
„Ist alles nicht auf dem Balkon?", fragt Willi.
„Ach ja … stimmt", sagt Kurt. „Du Olaf, fahr doch hin, klettere einfach auf den Balkon … ist ja doch niemand da."
Olaf steigt aufs Fahrrad und fährt los.
Otto fragt: „Wo ist denn Frank?"
„Den konnte ich nicht finden", antwortet Maria schnell. Sie hat Frank gesehen, aber ihm nicht gesagt, dass die Krokodiler sich treffen.
„Vor einer halben Stunde war er noch im Wald", sagt Rudolf.
„Er wird uns schon finden", sagt Maria.
Hoffentlich geht alles gut, denkt sie. Sie hat den anderen erzählt, was Kurt ihr und Olaf gesagt hat.

Als Olaf nach zehn Minuten mit Pfeilen und Bogen zurückkommt, fahren sie zum Gelände der alten Ziegelei. Unterwegs sagt Olaf zu Kurt: „Ich glaube, die Alte im Nachbarhaus hat mich gesehen als ich auf den Balkon geklettert bin."
„Macht nichts", sagt Kurt.

Vor dem Gelände der alten Ziegelei fragt Olaf noch einmal Kurt:
„Also, Kurt, du glaubst wirklich, dass die heute kommen? Dass die
die Sachen aus dem Lager holen?"
„Ja!", antwortet Kurt.
„Kann doch sein. Oder?", sagt Hannes.
„Auch wenn sie nicht kommen", sagt Maria, „nur auf dem Fest
herumzusitzen ist auch nichts. Ist nur was für die Alten."
Am Zaun müssen sie wieder eine Öffnung machen. Es ist aber gar
nicht schwierig. Kurt hat noch seine Zange. Nach ein paar Minuten
haben sie ein so großes Loch, dass sie Kurt durchschieben.
In der Halle sieht alles aus wie immer. Ihre Hütte aus Ziegeln ist
noch da.
„Und jetzt?", fragt Hannes.
„Warten, nur warten", antwortet Kurt.
„Du bist gut", sagt Peter. „Wie lange sollen wir denn noch warten?
Verdammt noch mal!"
„Was ist denn los?", ruft Kurt. „Warum muss bei euch immer alles
 so schnell gehen?"
„Um sieben muss ich zu Hause sein", sagt Peter.
„Doch nicht beim Waldfest", sagt Olaf. „Und Ferien sind auch."

 Übungen

Kapitel 11: Die drei Mopedfahrer

Kurt holt sein Fernglas aus der kleinen Tasche an der Seite seines
Rollstuhls und sieht hindurch. Weit und breit ist nichts zu sehen.
Dann macht er Zeichen, dass sie still sein sollen. Er hat jemanden
5 entdeckt, der auf einem Fahrrad fährt.
„Es ist Frank", sagt er leise. „Wieso ist er nicht im Wald geblieben?"
Kurt, Maria und Olaf sehen sich an. Hannes senkt den Kopf.
Aber Peter fragt: „Was ist denn los? Warum soll Frank nicht dabei
sein?"
10 „Erklär ich dir später", antwortet Kurt.
Und da ist Frank auch schon da und ruft: „Ihr seid mir schöne
Freunde. Haut ab, ohne was zu sagen."
„Ich hab dich gesucht, hab dich aber nicht gefunden", sagt Maria.
„Setz dich!"
15 Frank setzt sich, aber er sagt nichts mehr.

Olaf hat ein Brett geholt und an der Wand angebracht. Er hat Kreise
darauf gemalt. Jeder darf mit Kurts Pfeil und Bogen schießen. Nur
Frank will nicht. Auf einmal hören sie einen Motor.
„Das sind sie!", ruft Kurt aufgeregt. „Seid still, ruhig jetzt, sie sind
20 es, sie kommen … sie sind es wirklich!"

Alle sind still und starren auf das Tor. Sie sehen ein Auto, das
näher kommt. Das Auto fährt vor das Tor, das die Männer von der
Sprengkolonne verschlossen haben.
Nichts bewegt sich. Kein Mensch ist zu sehen.
25 Dann sind drei junge Männer am Tor. Olaf nimmt Kurt das Fernglas aus der Hand.
„Was ist?", flüstert Maria.
„Die machen was am Zaun. Auch mit einer Zange", antwortet Olaf
aufgeregt.
30 Nun wollen alle Krokodiler durch das Fernglas sehen. Aber die
Gesichter der drei jungen Männer können sie nicht erkennen.

Sie sehen, wie drei junge Männer direkt zum Bürogebäude gehen. Als Kurt sein Fernglas wieder hat, sieht er hindurch und sagt: „Es sind Egon und Karli. Den anderen kenne ich nicht."

„Nein!", ruft Frank.

Maria hält ihm ihre Hand auf den Mund. „Bist du verrückt? Die können dich hören, wenn du so schreist!"

„Mein Bruder?", fragt Frank erschrocken.

„Dein Bruder!", sagt Kurt. „Ich will es auch nicht glauben."

„Karli ist dabei", sagt Peter. „Und sein Vater ist Polizist!"

Die drei jungen Männer verschwinden im Bürogebäude. Die Krokodiler sehen sich an. Keiner sagt etwas. Sie bewegen sich nicht. Sie warten.

Nur Frank flüstert: „Mein Bruder."

Wenige Minuten später kommen die drei jungen Männer aus dem Bürogebäude. Sie tragen Kartons zum Auto. Mehrmals gehen sie zurück und tragen immer wieder Kartons zum Auto.

„Jetzt haben wir endlich den Beweis", sagt Kurt leise.

„Klar", meint Olaf. „Wer die Waren wegbringt, der hat sie auch gestohlen."

Vom Wald hört man Musik. Offensichtlich fühlen sich die drei jungen Männer sicher. Sie sehen sich kein einziges Mal um. Die Krokodiler sprechen wieder lauter miteinander.

„Und was machen wir jetzt?", fragt Olaf.

„Weiß auch nicht", antwortet Kurt.

„Ich habe Angst", sagt Hannes plötzlich.

„Vor wem denn?", fragt Olaf.

„Wenn die uns entdecken, dann verhauen die uns", sagt Hannes.

Plötzlich laufen Kinder am Zaun entlang. Es sind die italienischen Kinder, die die Krokodiler einmal im Wald von ihrer Hütte weggejagt haben. Sie reden laut, singen und lachen.

Die drei jungen Männer hören auch die Kinder, denn sie warten im Bürogebäude.

Die Kinder stehen am Auto.

„Wisst ihr was", sagt Kurt, „ich rolle mich mal allein über den Hof. Mal sehen, was dann passiert."

„Bist du verrückt?", ruft Maria. „Wenn die drei dich sehen, dann wissen sie doch, dass du nicht allein hier bist!"

„Bleib hier, verdammt noch mal", sagt auch Olaf. „Du verrätst uns alle. Maria hat schon Recht."

Frank sitzt allein in seiner Ecke. Er kann immer noch nicht glauben, dass sein Bruder ein Einbrecher ist.

Auf einmal hören sie, wie sich die Kinder aufgeregt unterhalten. Sie haben gesehen, was im Auto ist. Schnell nimmt sich jedes Kind, was es von Zigaretten und Flaschen tragen kann. In diesem Augenblick läuft Karli aus dem Bürogebäude, hinter ihm Egon. Sie rennen zu ihrem Auto, schreien und drohen[1] den Kindern. Als diese die beiden sehen, rennen sie weg. Egon und Karli laufen hinter den Kindern her bis zum Waldrand. Sie fangen sie nicht. Die Kinder sind weg.

„Das ist doch zu komisch", sagt Kurt. „Die Kinder klauen[2] etwas, was schon andere geklaut haben."

Die drei jungen Männer haben es nun eilig. Mehr als eine halbe Stunde rennen sie mit Waren vom Keller zum Auto. Kein Krokodiler traut sich aus seinem Versteck.

„Ganz schön blöd sind wir, dass wir Angst haben und hier bleiben", sagt Kurt.

„Was sollen wir denn machen?", fragt Olaf. „Sollen wir zur Polizei gehen? Jetzt wo Franks Bruder dabei ist?"

„Darf er einbrechen, nur weil er Franks Bruder ist?", fragt Maria. „Denk doch mal!"

---

1 **drohen:** jmd. Angst machen
2 **klauen:** stehlen

„Aber es ist Franks Bruder!", sagt Kurt. „Wir müssen alle anzeigen, also auch Egon, oder keinen."

„Verdammt!", sagt Olaf.

Die Krokodiler wissen nicht weiter. Keiner hat eine Idee.

 **Übungen**

Kapitel 12: Kurt ist mutig

Dann, ohne dass es jemand bemerkte, rollt Kurt sich hinaus auf den Hof. Dort wartet er einen Augenblick. Er weiß gar nicht, was er eigentlich will. Er hat es einfach nicht mehr in der Halle ausgehalten.

Die Krokodiler bemerken es erst, als Kurt sich langsam über den Hof rollt. Sie sind erschrocken. Sie stehen nur da und sehen auf den Hof und warten. Maria will ihn zurückrufen, hält sich aber die Hand vor den Mund.

„Der Kurt ist verrückt", sagt Frank.

Er steht jetzt wieder bei den anderen. Und da sehen sie Egon, hinter ihm Karli. Beide mit Kartons in den Händen.

Egon bleibt stehen und stößt Karli an. Auch der dritte junge Mann tritt aus dem Bürogebäude in den Hof. Kurt hält seinen Rollstuhl an. Er ist hilflos.

Egon setzt den Karton auf den Boden und geht langsam auf Kurt zu. Die beiden anderen folgen ihm. Dann nimmt Kurt Pfeil und Bogen, die an der Seite seines Rollstuhls hängen. Er legt einen Pfeil in den Bogen ein und ruft Egon zu: „Wenn du näher kommst, dann schieß ich!"

Egon ist so überrascht, dass er stehen bleibt.

„Da, schau an, der Krüppel aus der Silberstraße", sagt er. Und dann schreit er: „Hau ab! Sonst passiert was!"

Egon, Karli und der Dritte starren Kurt an. Sie sehen aus, als ob sie nicht wissen, was sie mit Kurt machen sollen. Kurt hält seinen Bogen mit dem Pfeil fest. Es sieht aus, als schießt er den Pfeil jeden Augenblick ab.

„Hau endlich ab, du Krüppel!", ruft Egon wieder.

Kurt ist den Tränen nahe. Er ruft zurück: „Wenn du noch einmal Krüppel zu mir sagst, dann schieße ich, du Einbrecher!"

„Wer ist denn eigentlich dieser Gartenzwerg[1]?", fragt der Dritte.

„Ach, das ist der Krüppel aus der Siedlung", antwortet Egon.

Da spannt Kurt den Bogen, schießt und trifft Egon ins Bein. Der Pfeil bleibt stecken. Egon schreit vor Schmerzen. Er jammert und versucht den Pfeil aus dem Bein zu ziehen. Aber jedes Mal, wenn er es versucht, schreit er noch lauter.

Kurt legt sofort wieder einen Pfeil in den Bogen. Er will auf Karli schießen, der näher kommt. Und er schreit: „Wenn du noch einen Schritt machst, dann geht es dir wie Egon. Bleib stehen, sag ich dir! Oder hau ab!"

Dann hat Egon endlich den Pfeil aus dem Bein gezogen. Es blutet und er humpelt[2] auf das Auto zu. Auf einmal grinst Karli. Kurt weiß nicht, was das bedeutete. Da kommt von hinten ein so heftiger Stoß[3], dass er weiter auf den Hof rollt. Das war der dritte Mann, den er nicht bemerkt hat.

Kurt ist so überrascht, dass er vergisst, die Bremsen am Rollstuhl anzuziehen. Die Wand des Bürogebäudes kommt immer schneller auf ihn zu. Der Rollstuhl fährt gegen die Mauer und Kurt stürzt auf den Boden.

In diesem Augenblick rennen die Krokodiler aus der Halle über den Hof. Sie rufen so laut, als wären sie ein paar hundert. Noch im Laufen heben sie Steine vom Boden und werfen sie gegen Karli und den dritten Mann. Vor allem auf den dritten Mann, der Kurt von hinten gestoßen hat.

Die beiden sind so überrascht, dass sie schnell zum Auto rennen. Beide springen zu Egon ins Auto und fahren weg.

Maria und Hannes laufen direkt zu Kurt. Er jammert leise. Olaf und Frank helfen, Kurt in den Rollstuhl zu heben.

Immer wieder sagt Maria: „Dass du noch lebst, diese verdammten Verbrecher!"

---

1 **der Gartenzwerg:** hier: schlechtes, böses Wort
2 **humpeln:** nicht richtig laufen können
3 **der Stoß:** kurzer, kräftiger Schlag

„Jetzt zeigen wir sie an!", ruft Olaf. „Wir zeigen sie an! Sich an einem Schwächeren zu vergreifen! Wir zeigen sie an! Auch wenn Franks Bruder dabei ist. Das ist mir jetzt egal."

Frank sagt nichts, aber Tränen laufen über sein Gesicht.

5 „Erzähl bloß meinen Eltern nicht, was passiert ist", sagt Kurt, „sonst darf ich nie wieder mit."

„Das kriegen wir schon hin", sagt Maria.

Dann laufen sie vom Gelände der alten Ziegelei und durch den Wald.

 **Übungen**

Kapitel 13: Anzeigen oder nicht?

Am Festplatz sind die Eltern der Krokodiler nicht mehr. Sie sind längst zu Hause.

Olaf fährt mit seinem Fahrrad zu Kurts Haus. Als er sicher sein kann, dass niemand ihn sieht, wirft er Pfeil und Bogen auf den Balkon. Maria und Hannes haben Kurt vor die Haustür geschoben.

„Ich glaube nicht, dass mich einer gesehen hat", sagt Olaf.

„Und jetzt?", fragt Maria. Die anderen sehen sie an. Sie wissen nicht, warum sie fragt.

Maria fragt noch einmal: „Was ist jetzt? Ich meine, wir wissen, wer die Einbrecher sind. Wir können doch nicht tun, als ob nichts passiert ist."

„Ja", antwortet Olaf langsam. „Wir wissen, wer die Einbrecher sind."

„Und wer Kurt aus seinem Rollstuhl an die Wand gestoßen hat", sagt Hannes.

„Auf mich kommt's doch nicht an", meint Kurt.

„Du hättest tot sein können.", sagt Hannes. „Nur weil wir uns nicht aus der Halle getraut haben."

Da kommt Kurts Mutter aus dem Haus. „Ihr seid aber spät", sagt sie, „Kurt, komm jetzt rein."

„Gleich, Mutter, wir haben noch was zu besprechen."

„Also, wenn ihr mich fragt", sagt Hannes, „bin ich jetzt für eine Anzeige!"

„Ihr meint also: anzeigen?", fragt Olaf.

„Anzeigen", antwortet Maria und Hannes nickt.

„Und wer macht es? Wer geht zur Polizei?", Olaf sieht einen nach dem anderen an.

„Wartet doch mal", sagt Kurt. „Ich habe einen Vorschlag. Morgen treffen wir uns alle in unserer Hütte. Wir müssen darüber reden, was wir machen sollen. Fahrt bei den anderen vorbei und sagt es ihnen. Es ist wichtig, dass Frank dabei ist. Der kann uns sagen, was sein Bruder zu Hause erzählt."

„Du kannst doch nicht wollen, dass Frank gegen seinen Bruder stimmt!"

„Er braucht doch nicht gegen seinen eigenen Bruder zu stimmen.
Aber es wäre nicht fair, wenn er nicht weiß, was wir vorhaben. Was
wir tun werden."
„Damit er zu seinem Bruder geht und alles erzählt?", sagt Olaf.
„Das finde ich aber nicht so gut."
Dann rollen sie Kurt ins Haus und gehen.
Am nächsten Morgen regnet es stark. Kurt sitzt am Fenster und
sieht hinaus. Als er sich in die Küche rollt, liest sein Vater die
Zeitung. Er sagt: „Die Italiener sind nun doch die Einbrecher. Ihre
Kinder sind es gewesen. Die haben geklaut."
Kurt fragt: „Wovon redest du denn?"
„Von den Einbrechern. Gestern Abend hat die Polizei sechs Kinder
erwischt. Sie hatten Schnaps und Zigaretten bei sich. Alles von den
Einbrüchen."
„Ja und?", fragt Kurt.
„Ist doch klar", antwortet sein Vater. „Sicher waren es die Kinder
nicht alleine. Ihre Eltern waren auch mit dabei."

Kurt bekommt nun die Zeitung von seinem Vater. Aber viel mehr
als ihm sein Vater gesagt hat, gibt es da nicht zu lesen. Ein Bild von
den Kindern findet er und er erkennt eines der Mädchen wieder.
Die Kinder, so liest er, haben gesagt, dass sie die Sachen in einem
Auto gefunden haben. Das Auto hat mit offenen Türen irgendwo
gestanden. Die Polizei glaubt den Kindern nicht. Sie hat die
Wohnungen der Eltern untersucht, aber nichts gefunden.
Kurt weiß, dass die Polizei nicht die richtigen Einbrecher gefunden
hat. Die Kinder haben ja nur das geklaut, was andere geklaut
haben. Er fragt: „Sag mal, Vater. Wenn jemand etwas klaut, was
schon vorher andere geklaut haben, ist das denn auch Diebstahl?"
„Also, Fragen hast du!"
Kurts Mutter ist in die Küche gekommen und hört zu.
„Es waren diese Kinder", sagt der Vater. „Damit basta!"
„Aber wenn sich die Polizei irrt[1]?", fragt Kurt.

---

1 **sich irren**: etwas Falsches für richtig halten

„Die Polizei irrt sich nicht. Und jetzt hör auf!", antwortet der Vater.
„Was Kurt sagt, da ist schon was dran", sagt die Mutter. „Die Kinder können doch nicht in Geschäfte einbrechen. Dazu sind sie viel zu klein."
„Dann waren es ihre Eltern. Warum haben sie die Sachen? Die sind bestimmt nicht vom Himmel gefallen. Und jetzt lasst mich in Ruhe!"

Draußen lässt der Regen nach. Es klingelt. Frank steht da. Erst als Kurt und Frank alleine in Kurts Zimmer sind, sagt Frank: „Ihr wollt in die Hütte und abstimmen, ob ihr meinen Bruder anzeigt. Ich will dabei sein."
„Hast du deinen Bruder heute schon gesehen?", fragt Kurt.
„Ja. Er ist nicht zur Arbeit gegangen. Er ist zum Arzt."
Frank geht unruhig durch das Zimmer. Dann sagt er: „Ihr könnt doch nicht meinen Bruder anzeigen."
„Warum nicht? Hast du mal an die italienischen Kinder gedacht? Es steht in der Zeitung, dass sie die Einbrecher sind. Denk doch mal nach!"
„Er wird eingesperrt. Und mein Vater schlägt ihn tot!" Frank weint fast.
„Soll die Polizei die italienischen Kinder für ihn einsperren?", fragt Kurt und sieht Frank an. „Komm heute Nachmittag in die Hütte. Da werden wir alles besprechen. Du musst kommen, verstehst du", sagt Kurt.

Als Frank gegangen ist, ist Kurt wütend. Er will weg. Er will alles mit den anderen Krokodilern besprechen. Aber er ist an seinen Rollstuhl gefesselt[1].
Wenige Minuten später tritt seine Mutter ins Zimmer. Sie sagt gleich: „Also raus mit der Sprache. Sag schon, was los ist."

---

1 **gefesselt:** hier: festsitzen

Kurt beginnt langsam zu erzählen. Als er fertig ist, sagt er noch: „Die italienischen Kinder sind unschuldig. Sie haben nur geklaut, was die anderen schon geklaut haben."

Seine Mutter sitzt lange da und sagt nichts. Sie schüttelt immer wieder den Kopf. Zuletzt sagt sie: „Eine schöne Bescherung ist das … eine schöne Bescherung."

„Was sollen wir denn jetzt machen, Mutter, was denn? Wenn wir die drei nicht anzeigen, dann sperren sie die Italiener ein. Und zeigen wir sie an, dann verlieren wir Frank."

„Frag deinen Vater", antwortet sie hilflos.

„Vater soll nichts davon wissen, sag bitte nichts!"

„Was würdest du tun?", fragt Kurt seine Mutter.

„Anzeigen. Aber rede erst mal mit den anderen. Vielleicht hat einer von euch eine Idee. Aber Einbruch ist Einbruch. Und Diebstahl ist Diebstahl."

 Übungen

Kapitel 14: Die Polizeiwache[1]

Am frühen Nachmittag holen Maria und Hannes Kurt ab. Auf dem Weg zur alten Ziegelei erzählt Kurt, worüber er mit Frank und auch mit seiner Mutter gesprochen hat. Als sie bei der alten Ziegelei ankommen, sind die anderen Krokodiler alle da. Frank sitzt auf seinem Platz. Er sieht traurig aus.

Olaf stellt sich auf und fragt: „Also, wer ist für anzeigen?"

Alle heben die Hand. Nur Frank nicht. Auch Kurt hebt seine Hand nicht.

„Du auch nicht?", fragt Hannes.

„Nein … wir …", Kurt weiß in diesem Augenblick nicht, was er sagen soll.

„Gerade du solltest dafür sein", sagt Olaf. „Nach allem, was sie dir angetan haben und was Egon zu dir gesagt hat."

„Aber das hat doch jetzt nichts mit mir zu tun!", sagt Kurt.

„Verbrecher sind das!", ruft Maria. „Man vergreift sich nicht an einem, der schwächer ist. Deshalb müssen wir sie anzeigen!"

Frank springt plötzlich auf und schreit: „Wir müssen diese Hunde anzeigen, nichts wie anzeigen!"

Und dann weint er. Er weint und weint. Die Krokodiler warten, bis er sich beruhigt.

Dann sagt Kurt: „Hört mal her. Wir machen das ganz anders. Wir erzählen der Polizei, was wir gestern gesehen haben. Dass nämlich die italienischen Kinder nichts mit der Sache zu tun haben. Wir sagen, wir haben die Einbrecher gesehen. Auch wie sie die Sachen aus dem Keller geholt haben. Aber wir haben keinen erkannt. Das sagen wir."

Die Krokodiler sind überrascht.

Olaf sagt: „Fragt sich nur, ob uns die Polizei glaubt."

„Warum nicht? Wir sagen, dass wir drei junge Männer gesehen haben und dass sie die Sachen aus dem Keller geholt und alles in

---

1 **die Polizeiwache:** hier arbeitet die Polizei

ein Auto getragen haben. Danach sind sie abgehauen, als sie uns bemerkt haben."

„Gut!", ruft Olaf. „So machen wir's."

Es sind etwa zwei Kilometer bis zur Polizei. Unterwegs sprechen die Krokodiler kaum miteinander. Als sie vor der Polizeiwache stehen, Kurt in seinem Rollstuhl ganz vorne, da hat ihr Mut sie verlassen.

Maria fragt: „Wer geht rein?"

„Ich geh rein", sagt Olaf.

Die Krokodiler bleiben stehen und warten.

Nach langer Zeit sehen sie an einem Fenster zwei Polizisten. Die starren auf die Krokodiler. Zwei Minuten später kommen sie aus der Polizeiwache. Olaf hinter ihnen.

Der ältere Polizist fragt: „So, ihr habt gesehen, dass die italienischen Kinder die Sachen aus einem Auto genommen haben? Und das Auto hat am Eingang zur alten Ziegelei gestanden?"

„Jawohl", antworten die Krokodiler alle auf einmal.

Dann geht der Polizist auf Kurt zu und fragt: „Kannst du nicht laufen?"

Maria antwortet: „Glauben Sie, der sitzt im Rollstuhl, weil es ihm Spaß macht?"

„Na na, junge Dame", sagt der Polizist lächelnd. „War ja nur eine Frage."

„Wir können alles beschwören[1], was wir gesehen haben", sagt Peter.

Die beiden Polizisten sehen sich die Krokodiler noch einmal genau an.

Dann sagte der jüngere Polizist: „Dann kommt mal rein."

Maria zeigt auf Kurt: „Und was machen wir mit ihm?"

„Der muss auch mitkommen", sagt der ältere Polizist.

„Und wie?", fragt Maria.

Die Krokodiler grinsen. Die beiden Polizisten sehen sich an.

---

1 **beschwören:** zu etwas ja sagen

Der jüngere von ihnen sagt: „Rein tragen natürlich."

„Na, dann tragen Sie mal", antwortet Maria. „Haben Sie keine Rampe für einen Rollstuhl? Kommen zu Ihnen nur gesunde Menschen?"

Die Polizisten antworten nicht und Maria fragt wieder: „Wenn nun einer kommt und im Rollstuhl sitzt. Was macht ihr denn mit dem?"

„Kommt jetzt rein!", ruft der ältere Polizist. „Und den tragen wir!"

Die Polizisten tragen Kurt in seinem Rollstuhl in die Polizeiwache. Dann nehmen sie ein Protokoll[1] auf. Olaf erzählt, dass sie die Einbrecher gesehen haben, sie aber nicht erkannt haben. Die anderen Krokodiler nicken nur. Olaf erzählt weiter, wie die italienischen Kinder zu den Sachen gekommen sind. Zum Schluss sagt er: „Eigentlich müssen im Keller noch gestohlene Sachen sein."

Ein Polizeiauto fährt hin, um das, was Olaf erzählt hat, zu kontrollieren. Danach sitzen die Krokodiler in der Polizeiwache. Lange müssen sie nicht warten, denn die Polizisten aus dem Polizeiauto rufen an.

Der Polizist in der Polizeiwache nickt nur am Telefon und sieht zu den Krokodilern.

„Ja, ja", sagt der Polizist, „ist klar, wir schicken sofort die Spurensicherung[2]."

Er steht auf.

„Alle Achtung! Das habt ihr gut gemacht. Alles, was ihr zu Protokoll gegeben habt, stimmt. Na, da werdet ihr wohl auch die Belohnung bekommen."

„Können wir jetzt gehen?", fragt Olaf.

„Natürlich könnt ihr jetzt gehen." Der Polizist fragt noch seinen Kollegen: „Haben wir auch alle Adressen?"

„Haben wir."

Die beiden Polizisten tragen Kurt in seinem Rollstuhl hinaus.

---

1 **das Protokoll:** schriftlicher Bericht
2 **die Spurensicherung:** Polizisten, die Beweise sammeln

„Ihr hört dann wieder von uns, wenn es so weit ist", sagt der ältere Polizist. „Das heißt, eure Eltern hören von uns."

Auf dem Weg nach Hause kommt den Krokodilern ein Moped entgegen. Sie müssen auf die Seite springen und fast fällt Kurts Rollstuhl um. Es ist Karli. Er grinst, als er vorbeifährt.
„So ein Verbrecher!", ruft Hannes.
„Wenn ihr nach Hause kommt, müsst ihr alles euren Eltern erzählen", sagt Kurt. „Die Polizei kommt zu uns und dann hören sie es ja doch."
Frank sagt: „Jetzt wird alles gut. Ihr habt keine Namen gesagt und mein Bruder wird nicht verhaftet[1].

 **Übungen**

---

1 **jmd. verhaften:** die Polizei holt jmd.

Kapitel 15: Das zweite Protokoll

Acht Tage nach ihrem Besuch bei der Polizei hören die Krokodiler immer noch nichts Neues. In der Zeitung steht nichts darüber, ob die Polizei eine Spur hat.

Nur einmal sagt Kurts Vater: „Die italienischen Kinder waren es nicht, sagt die Polizei."

Kurts Mutter nickt ihrem Sohn zu, ohne etwas zu sagen.

Manchmal denkt Kurt an die Belohnung. Vielleicht können seine Eltern ihm so ein Spezialfahrrad kaufen?

Am nächsten Vormittag schieben Hannes und Maria Kurt zum Minigolfplatz. Sie wollen sich dort mit den anderen treffen. Unterwegs kommt Egon ihnen auf seinem Moped entgegen. Er ist allein.

„Na, Gartenzwerg! Heute bist du wohl nicht so mutig ohne Pfeil und Bogen. Aber warte nur, du Krüppel!"

„Hau ab, du Dieb!", sagt Kurt. Er ist ganz ruhig. „Sonst zeigen wir euch an!"

Egon sieht überrascht auf Kurt. Dann springt er von seinem Moped und gibt Kurt einen Stoß, dass er im Rollstuhl zur Seite fällt. Dann fährt er weg.

Alles geht so schnell, dass Hannes und Maria nicht reagieren können. Kurt kann sich nicht bewegen. Aber ein paar alte Männer, die vorbeikommen, helfen Hannes und Maria mit dem Rollstuhl und mit Kurt.

„So", sagt Maria. „Dem werden wir es jetzt zeigen! Und so einen wollten wir beschützen[1]."

„Nein, Maria, nicht ihn. Frank wollten wir schützen", sagt Kurt.

„Hannes, bist du stark genug für einen Spaziergang?", fragt Maria.

Hannes versteht sofort, wohin sie will. Er antwortet: „Klar, ich bin immer stark."

Maria und Hannes schieben Kurt weiter. Sie fahren am Minigolfplatz vorbei, durch den Wald, am Gelände der alten Ziegelei vorbei

---

1 **beschützen:** auf jmd. aufpassen

bis zur Polizeiwache. Dort läuft Maria in die Polizeiwache. Kaum
war sie drin, kommen auch schon die zwei Polizisten heraus. Sie
tragen einfach wieder Kurt in seinem Rollstuhl in die Polizeiwache.
„Vielleicht sollten wir doch eine Rampe neben der Treppe haben",
sagt der eine Polizist.
Der andere sieht die drei Krokodiler an und sagt: „Na, dann mal
los. Ich wusste doch, dass ihr mich angelogen[1] habt."
„Wir haben Sie nicht angelogen", sagt Maria.
„Nein, das habt ihr nicht. Nur habt ihr mir nicht alles erzählt!"
Und dann erzählt Maria alles von Anfang an. Von der Hütte im
Wald, von der Hütte in der alten Ziegelei, von dem Keller und
dass eigentlich Kurt alles herausgefunden hat. Der Polizist nimmt
wieder ein Protokoll auf.
Als Maria fertig ist, sagt der Polizist: „Und ihr wolltet nichts sagen,
weil ihr den Egon nicht anzeigen wolltet?"
„Nein, weil sein Bruder, der Frank, unser Freund ist. Deshalb
wollten wir nichts sagen."
„Es wird nicht schwer sein für uns. Wir haben Fingerabdrücke
gefunden."
Dann gibt Hannes dem Polizisten noch einen Zettel.
„Was ist das?"
„Ich habe die Nummer von dem Auto aufgeschrieben. Das ist das
Auto, mit dem sie die Sachen weggebracht haben."
„Hast du gut gemacht", sagt der Polizist. „Ihr könnt jetzt nach
Hause gehen."

Am letzten Ferientag wird das alte Bürogebäude auf dem Gelände
der alten Ziegelei weggemacht. Ein Bulldozer und ein Bagger[2] mit
fünf Mann fahren auf das Gelände. Zuerst spritzen die Arbeiter
Wasser auf die Mauern, so dass es nicht so staubt. Dann setzen die
Männer den Bulldozer ein. Die Halle fällt zusammen. Das Dach
bricht ein und verdeckt alles unter sich.

---

1 **anlügen:** nicht die Wahrheit sagen
2 **der Bagger:** Baumaschine

Einige alte Männer sehen zu. Auch die Krokodiler. Nur Frank nicht. Seitdem die Polizei seinen Bruder verhaftet hat, ist Frank nicht mehr dabei. Sein Vater hat es ihm verboten.

Die Polizei hat Egon und seine beiden Freunde am Tag nach der Verhaftung freigelassen. Sie sind ja noch Jugendliche. Nun warten sie auf die Verhandlung im Gericht[1].

„Jetzt müssen wir uns wieder im Wald eine Hütte bauen", sagte Olaf.

„Ich will keine Hütte mehr", sagt Maria.

Die anderen sagen nichts.

„Alles, was wir uns aufbauen, reißen sie wieder ein", sagt Hannes.

Sie fahren alle in die Siedlung zurück. Wie immer schieben Maria und Hannes Kurt im Rollstuhl nach Hause.

Vor Kurts Haus gibt es eine Überraschung. Frank steht da. Er ist verlegen, als er die drei sieht. Er weiß nicht, wie er anfangen soll. Was er mit seinen Händen machen soll.

Endlich sagt er: „Ich wollte dich besuchen, Kurt."

„Na, dann komm ins Haus", antwortet Kurt.

Zuerst will Frank nicht. Dann hilft er mit, Kurt ins Haus zu schieben.

Als Maria und Hannes weg sind, sagt Frank: „Mein Vater weiß jetzt alles. Ich meine, was Egon getan hat. Was Egon zu dir gesagt hat. Ich habe ihm alles erzählt und da war mein Vater so wütend! Er wollte Egon am liebsten schlagen. Aber der ist weggelaufen."

„Meinst du, das hilft was?", fragt Kurt.

„Jetzt ist mein Bruder ganz anders. Mein Vater hat ihm das Moped weggenommen. Er will es verkaufen, sagt er. Weil es nach der Verhandlung sicher viel zu bezahlen gibt."

„Warum kommt Egon nicht selbst zu mir", fragt Kurt. „Warum kommst du für ihn?"

„Er traut sich nicht."

Dann sitzen die beiden noch in Kurts Zimmer am Tisch. Frank versucht mit Wasserfarben etwas auf ein Blatt zu malen.

---

1 **das Gericht:** Tribunal

Nach langer Zeit sagt er: „Mein Vater hat gesagt: Wir alle bekommen die Belohnung. Und er hat gesagt: Wir sollen das Geld nicht nehmen. Wir sollen das Geld deinen Eltern geben. Dann können sie dir das Fahrrad kaufen."

Kurt sieht überrascht auf: „Hat das dein Vater wirklich gesagt?"

„Ja, hat mein Vater gesagt", antwortet Frank.

„Das ist schön von deinem Vater. Aber meine Eltern werden das wohl nicht annehmen. Sie wollen nichts geschenkt haben."

„Mein Vater will mit deinem Vater sprechen", sagt Frank.

Dann malen sie still weiter. Keiner spricht.

Endlich sagt Frank: „Vielleicht nehmen deine Eltern doch das Geld. Wenn alle Krokodiler das auch so wollen. Wir müssen uns treffen und darüber sprechen."

„Das heißt", fragt Kurt, „du kommst jetzt wieder zu uns? Und bist auch nicht mehr böse?"

„Nein, ich bin nicht mehr böse auf euch. Ich bin es nie gewesen", antwortet Frank.

Als Frank schon an der Tür ist, um nach Hause zu gehen, fragt er: „Sag mal, ich darf doch wieder zu dir kommen?"

„Natürlich darfst du wieder zu mir kommen."

„Ja, dann sage ich Olaf, dass alle Krokodiler sich wegen der Belohnung treffen müssen", sagt Frank.

„Ja, und wo?", fragt Kurt.

„Wo? ... Ja, wo?"

„Wir müssen wieder eine Hütte haben", sagt Kurt.

„Ja, wir müssen wieder eine Hütte haben", sagt Frank und geht.

Eine Woche später beginnt die Schule wieder. Und alle Krokodiler bauen sich eine neue Hütte im Wald. Der Förster hat nichts dagegen.

 Übungen

Hintergrundinformationen

Das ist nicht korrekt!

Diskriminierung ist herabwürdigendes, ausschließendes, benachteiligendes Verhalten gegen einzelne Menschen oder Gruppen. Meistens sind Vorurteile, Stereotype und Klischees, unreflektierte Meinungen die Auslöser für solches Verhalten.

In „Vorstadtkrokodile" finden sich verschiedene Beispiele für Diskriminierung:

Leute wie Olafs Vater, die zuerst (und ohne Beweise) die Ausländer verdächtigen, die Einbrecher zu sein. Frank, der die ausländischen Kinder beschimpft und angreift. Egon und am Anfang sogar einige der Krokodiler, die Kurt als „Krüppel" beschimpfen. Der Besitzer des Minigolfplatzes, der keine Rollstuhlfahrer auf seinem Rasen will. Die fehlende Rampe an der Treppe zur Polizeiwache.
Ist das korrekt? – Nein!

Nur selten sind die Figuren in der Geschichte mutig, etwas gegen die Diskriminierung zu sagen. Nur Hannes verteidigt Kurt, als die Krokodiler ihn ablehnen, weil er ein Mensch mit Behinderung ist. Nur Maria widerspricht Frank leise, nachdem er die ausländischen Kinder beschimpft und angegriffen hat. Und auch Maria ist es, die die Polizisten fragt: „Haben Sie keine Rampe für einen Rollstuhl? Kommen zu Ihnen nur gesunde Menschen?" (S. 59, Z. 2-4).

Was sagen diese Beispiele über die Menschen und über die Gesellschaft, in der sie leben? Eine wichtige Frage, über die es sich intensiv nachzudenken lohnt …

Übungen zum Leseverstehen

● **Kapitel 1**

1. **Was ist richtig (✔), was ist falsch (✗)? Kreuze an.**

	✔	✗
a) Die alte Ziegelei ist ein guter Spielplatz für Kinder.	○	○
b) Hannes muss eine Mutprobe machen, um ein Krokodiler zu werden.	○	○
c) Hannes besteht die Mutprobe.	○	○
d) Hannes fällt fast vom Dach.	○	○
e) Alle Krokodiler helfen Hannes.	○	○
f) Olaf ruft die Feuerwehr an.	○	○

2. **So viele Personen! Schreibe die Anzahl der Personen in die Lücken A, B und C und die Namen der Krokodiler auf die Schreiblinien.**

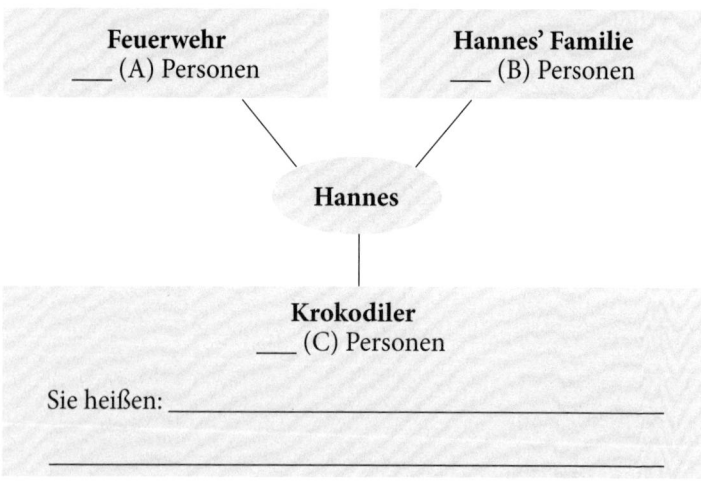

Feuerwehr
___ (A) Personen

Hannes' Familie
___ (B) Personen

Hannes

Krokodiler
___ (C) Personen

Sie heißen: _____

_____

Kapitel 2

Hannes lernt Kurt kennen. Kreuze die Informationen an, die
zu Hannes (H) oder zu Kurt (K) passen.

		H	K
a)	kann laufen	○	○
b)	kann nicht laufen	○	○
c)	hatte einen schweren Unfall	○	○
d)	kann Freunde zu Hause besuchen	○	○
e)	geht in eine spezielle Schule	○	○
f)	kann Fahrrad fahren	○	○
g)	kann zu Hause alleine auf die Toilette	○	○
h)	kann bei den Krokodilern mitmachen	○	○
i)	ist ein kluger Junge	○	○

Kapitel 3

1. Ergänze die Zusammenfassung des Kapitels.

Einbrecher   Wald   Maria   Einbrecher

Steinen   Spuren   Spur

Mopeds

Ausländer   Einbrüche

tritt   Einbrecher

In der Siedlung gibt es zurzeit viele _____ (1) in verschie-

denen Geschäften. Wer die _____ (2) sind, weiß niemand.

Viele Leute denken: Es sind die _____ (3). Aber es gibt

keine _____ (4). Es kann jeder sein. Auch Frank hat

eine schlechte Meinung über Ausländer: Er beschimpft auslän-

dische Kinder im _____ (5), wirft mit _____ (6)

nach ihnen und _____ (7) einen Jungen. Das ist nicht

okay, aber nur _____ (8) sagt etwas. Kurt weiß etwas über

die _____ (9) und erzählt es Hannes. Hannes erzählt es

Maria und Olaf. Jetzt haben sie eine _____ (10): Sie haben

Informationen, wie viele _____ (11) es sind und wie ihre

_____ (12) genau aussehen.

2. **Lies noch einmal von S. 17, Z. 12 bis Z. 25. Wie sehen die Einbrecher und ihre Mopeds aus? Male ein Bild.**

Kapitel 4

Was trifft auf Hannes, Kurt, Olaf, Maria und Frank zu.
Kreuze an.

<u>Achtung</u>: Mehrfachzuordnungen möglich!

	Hannes	Kurt	Olaf	Maria	Frank
a) sitzt im Rollstuhl	◯	◯	◯	◯	◯
b) mag keine Ausländer	◯	◯	◯	◯	◯
c) kann gut malen	◯	◯	◯	◯	◯
d) ist unfair	◯	◯	◯	◯	◯
e) ist tolerant	◯	◯	◯	◯	◯
f) ist neugierig	◯	◯	◯	◯	◯
g) ist mutig	◯	◯	◯	◯	◯
h) ist Marias Bruder	◯	◯	◯	◯	◯
i) ist manchmal aggressiv	◯	◯	◯	◯	◯
j) ist klug	◯	◯	◯	◯	◯
k) ist freundlich	◯	◯	◯	◯	◯
l) ist der Chef	◯	◯	◯	◯	◯
m) hilft gerne	◯	◯	◯	◯	◯

Kapitel 5

Was ist richtig (✔), was ist falsch (✗)? Kreuze an.

	✔	✗
a) Kurt hat einen Unfall. Er ist schwer verletzt und ruft um Hilfe	◯	◯
b) Maria macht sich Sorgen um Kurt. Sie hört ihn rufen und holt die Krokodiler, um ihm zu helfen.	◯	◯
c) Kurt weiß, was hinter der Eisentür ist, weil er hineingeschaut hat.	◯	◯
d) Die Krokodiler entdecken hinter der Eisentür das Lager der Einbrecher.	◯	◯
e) Olaf hat eine Idee, wie sie herausfinden, wer die Einbrecher sind.	◯	◯
f) Die Idee ist für die Krokodiler schwer zu realisieren.	◯	◯

Kapitel 6

In den Sätzen a) bis h) ist ein Wort falsch. Streiche das falsche Wort durch und schreibe das richtige dahinter.

a) Franks Bruder heißt Peter. _____

b) Er ist Mechatroniker und hat ein rotes Moped mit bunten Bändern. _____

c) Die Krokodiler haben zehn rote und dreißig grüne Mopeds gefunden. _____

d) Kurt schreibt die Nummern der Mopeds in ein Heft.

_____

e) Hannes und Olaf haben einen Verdacht, wer die Einbrecher sind. _____

f) Kurt kann durch sein Fenster den Weg zur alten Ziegelei sehen. _____

g) Er sieht drei Mopedfahrer. Er kennt einen von ihnen.

_____

h) Kurt erzählt seiner Mutter nichts. _____

Kapitel 7
Sortiere die Sätze in der richtigen Reihenfolge.

a) Plötzlich kommen zwei Mopedfahrer. Der eine ist Franks Bruder Egon.

b) Die Krokodiler denken nach, wie sie das Lager der Einbrecher überwachen können.

c) Die Krokodiler gehen zur alten Ziegelei, spielen und bauen an ihrer Hütte.

d) Die Mopedfahrer fahren wütend weg.

e) Egon ist überrascht. Er ist sehr unfreundlich zu den Krokodilern. Er schreit sie an.

f) Frank sagt, dass Egon ein guter Kerl ist und kein Einbrecher.

g) In der Zeitung liest Kurts Vater, dass die alte Ziegelei weggemacht wird.

h) Kurt fährt Egon über den Fuß.

i) Kurt fährt im Rollstuhl auf dem Hof herum.

j) Kurt erzählt seiner Mutter alles, was bei der alten Ziegelei passiert ist.

Kapitel 8

Ergänze die Zusammenfassung des Kapitels.

Arzt Bogen Pfeile Minigolf

Bremsen Rasen Rollstuhl

Besitzer Minigolfplatz Bälle

Die Krokodiler gehen zum _____ (1). Dort spielen sie

_____ (2). Weil Kurt im _____ (3) sitzt, ist es für

ihn schwierig die _____ (4) zu schlagen.

Der _____ (5) des Minigolfplatzes ist wütend. Er sagt,

dass Kurts Rollstuhl seinen neuen _____ (6) kaputt macht.

Die Krokodiler laufen weg und Kurt steht alleine auf dem Mini-

golfplatz. Der Besitzer will ihn im Rollstuhl wegschieben. Aber

Kurt hat die _____ (7) angezogen. Sein Rollstuhl lässt sich

nicht bewegen. Kurt lässt sich auf den Rasen fallen und tut als

habe er sich verletzt. Die Krokodiler sagen zu dem Besitzer, dass

sie Kurt zum _____ (8) bringen. Der Besitzer hat Angst

und entschuldigt sich. Die Krokodiler lachen.

Maria und Hannes bringen Kurt nach Hause. Kurt bekommt von

seiner Mutter _____ (9) und einen _____ (10).

Darüber freut er sich sehr.

Kapitel 9
Kreuze die richtige Antwort an.

1 Wer holt Kurt von seiner Wohnung ab?
   a) Hannes und Maria
   b) Olaf und Hannes
   c) Hannes und Frank

2 Warum können die Krokodiler nicht zu ihrer Hütte in der alten Ziegelei?
   a) Weil man den Kamin der alten Ziegelei sprengt.
   b) Weil die Einbrecher da sind.
   c) Weil sie in die Schule müssen.

3 Wer sind die zwei Personen, die die Krokodiler vor Ort sehen und kennen?
   a) die Feuerwehrmänner
   b) Kurts Eltern
   c) Egon und Karli

4 Wer glaubt sicher zu wissen, wer die Einbrecher sind?
   a) Frank
   b) Kurt
   c) Olaf

5 Kann Kurt Fahrrad fahren?
   a) Ja.
   b) Nein.
   c) Er kann nicht auf einem normalen Fahrrad, aber auf einem Spezialfahrrad.

Kapitel 10

Löse das Kreuzworträtsel.

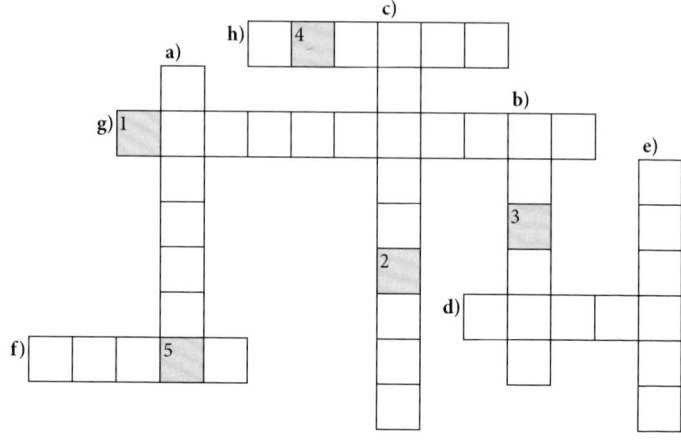

Lösungswort: [1][2][3][4][5]

a) An welchem Wochentag ist das Waldfest?

b) Mit wem geht Kurt zum Waldfest?

c) Was isst Kurt auf dem Waldfest?

d) Ein Krokodiler weiß nichts vom Treffen im Wald.
   Wie heißt er?

e) Olaf holt Kurts Pfeile und den Bogen. Wo sind sie?

f) Mit was machen die Krokodiler ein Loch in den Zaun?

g) Auf wen warten die Krokodiler in der alten Ziegelei?

h) Um wie viel Uhr muss Peter zu Hause sein?

Kapitel 11
Was ist richtig (✔), was ist falsch (✗)? Kreuze an.

✔ ✗

a) Kurt sieht Frank durch sein Fernglas. ◯ ◯

b) Frank findet es lustig, dass die Krokodiler ihn nicht informiert haben. ◯ ◯

c) Die Einbrecher kommen mit einem Auto. ◯ ◯

d) Kurt kennt die drei Einbrecher. ◯ ◯

e) Die Einbrecher räumen die gestohlenen Sachen in ihr Auto. ◯ ◯

f) Die Einbrecher verjagen die ausländischen Kinder. ◯ ◯

g) Die Krokodiler haben keine Angst. ◯ ◯

h) Die Krokodiler freuen sich, dass sie jetzt wissen, wer die Einbrecher sind und wollen zur Polizei. ◯ ◯

Kapitel 12
1. Olaf, Maria, Kurt, Frank, Egon oder die Krokodiler? Wer macht was? Ergänze.

a) _____ rollt auf den Hof, wo ihn die Mopedfahrer sehen können.

b) _____ will ihn zurückrufen, aber macht es nicht.

c) _____ sagt: „Kurt ist verrückt.“

d) _____ zielt mit Pfeil und Bogen auf die jungen Männer.

e) _____ nennt Kurt einen „Krüppel“ und schreit: „Hau ab! Sonst passiert was!“

f) _____ weint fast.

g) _____ hat einen Pfeil im Bein stecken und blutet.

h) _____ werfen Steine auf die jungen Männer und schreien ganz laut.

i) _____ fährt mit seinen Freunden weg.

j) _____ sagt: „Jetzt zeigen wir sie an!"

2. Einige wichtige Information fehlt! Was passiert mit Kurt?

_____

_____

_____

_____

Kapitel 13

1. Kurt und seine Eltern. Wie gehen die Sätze weiter? Kreuze an.

1 Kurt kann zu Hause am besten …
  a) … mit seinem Vater reden.
  b) … mit seiner Mutter reden.
  c) … mit seinem Vater und seiner Mutter reden.

2 Kurts Vater …
  a) … interessiert sich für Kurts Fragen.
  b) … will in Ruhe die Zeitung lesen.

3 Kurts Mutter …
  a) … interessiert sich für Kurts Fragen.
  b) … hat eine sehr gute Lösung für Kurts Problem.

2. Wie findest du Kurts Eltern? Schreibe deine Meinung auf.

_____

_____

_____

_____

Kapitel 14

Maria fragt den Polizisten: „Kommen zu Ihnen nur gesunde Menschen?" Warum sagt sie das?

_____

_____

_____

_____

Kapitel 15

Sortiere die Sätze in der richtigen Reihenfolge.

◯ ◯ ◯ ◯ ◯ ◯ ◯ ◯ ◯ ◯

a) Maria, Hannes und Kurt gehen zur Polizeiwache und erzählen alles ganz genau.

b) Egon gibt Kurt einen Stoß, dass der mit seinem Rollstuhl umfällt. Dann fährt er weg.

c) Die Krokodiler bauen sich eine neue Hütte im Wald.

d) Die alte Ziegelei wird weggemacht.

e) Auf dem Weg treffen sie Egon. Der nennt Kurt „Gartenzwerg" und „Krüppel".

f) Maria ist so wütend auf Egon. Sie will sofort zur Polizei gehen und Egon anzeigen.

g) Die Krokodiler haben acht Tage lang nichts von der Polizei gehört.

h) Die Polizei verhaftet Egon und seine Freunde.

i) Frank kommt zu Kurt. Sie reden über Egon und was alles passiert ist. Sie wollen Freunde und Krokodiler bleiben.

j) Kurt bleibt ruhig und sagt Egon, dass er ihn anzeigt, weil er ein Dieb ist.

k) Maria, Hannes und Kurt wollen zum Minigolfplatz gehen.

Lösungen

Kapitel 1:

1. ✔: b), c); ✗: a), d), e), f)

2. 3 (A), 2 (B), 8 (C); Sie heißen: Olaf, Maria, Frank, Theo, Peter, Willi, Otto, Rudolf

Kapitel 2:

H: a), d), f), g), h); **K:** b), c), e), g), h)

Kapitel 3:

(1) Einbrüche, (2) Einbrecher, (3) Ausländer, (4) Spuren, (5) Wald, (6) Steinen, (7) tritt, (8) Maria, (9) Einbrecher, (10) Spur, (11) Einbrecher, (12) Mopeds

Kapitel 4:

Hannes: e), f), g), j), k), m); **Kurt:** a), c), f), j), k); **Olaf:** h), l); **Maria:** e), g), j), k), m); **Frank:** b), d), i)

Kapitel 5:

✔: b), d), f); ✗: a), c), e)

Kapitel 6:

a) ~~Peter~~ Egon, **b)** ~~rotes~~ grünes, c) ~~dreißig~~ dreizehn, d) ~~Heft~~ Notizbuch, e) ~~Olaf~~ Kurt, f) ~~Fenster~~ Fernglas, g) ~~einen~~ zwei, h) ~~nichts~~ alles

Kapitel 7:

c), i), a), e), h), d), f), g), j), b)

Kapitel 8:

(1) Minigolfplatz, (2) Minigolf, (3) Rollstuhl, (4) Bälle, (5) Besitzer, (6) Rasen, (7) Bremsen, (8) Arzt, (9) Pfeile, (10) Bogen

Kapitel 9:

1c), 2a), 3c), 4b), 5c)

Kapitel 10:

a) Sonntag, **b)** Eltern, **c)** Bratwurst, **d)** Frank, **e)** Balkon, **f)** Zange, **g)** Mopedfahrer, **h)** sieben

Lösungswort: mutig

Kapitel 11:

✔: a), c), e), f); ✗: b), d), g), h)

Kapitel 12:
1. **a)** Kurt, **b)** Maria, **c)** Frank, **d)** Kurt, **e)** Egon, **f)** Kurt, **g)** Egon, **h)** Die Krokodiler, **i)** Egon, **j)** Olaf
2. Der dritte junge Mann gibt Kurts Rollstuhl von hinten einen heftigen Stoß. Der Rollstuhl fährt gegen eine Mauer und Kurt stürzt auf den Boden.

Kapitel 13:
1. 1b), 2b), 3a)

Kapitel 14:
Weil die Polizeiwache keine Rampe für Rollstuhlfahrer hat.
Das ist nicht gut und auch nicht richtig. Deshalb sagt Maria:
„Kommen zu Ihnen nur gesunde Menschen?"

Kapitel 15:
g), k), e), j), b), f), a), d), i), c)